TAG FÜR TAG ERNEUERT

TAG FÜR TAG ERNEUERT

ein Weg, der immer beginnen kann
und nie endet

mit Motiven aus dem Jahreskreis
und geistlicher Begleitung
durch letzte Lebensjahre

BRIEFE – ÜBUNGEN – ERFAHRUNGEN

GERTRUD

HERAUSGEGEBEN UND KOMMENTIERT VON

WOLFGANG LENK

Bibliografische Information der Deutschen Nationalbibliothek:
Die Deutsche Nationalbibliothek verzeichnet diese Publikation
in der Deutschen Nationalbibliografie;
detaillierte bibliografische Daten sind im Internet
über http://dnb.dnb.de abrufbar.

© 2018 Wolfgang Lenk
Satz, Herstellung und Verlag:
BoD – Books on Demand

ISBN: 978-3-7528-0748-6

Gott spricht:
Licht soll aus der Finsternis hervor leuchten.
Sein Christuslicht hat er in unsere Herzen gegeben.
Durch uns strahlt es zu anderen.
Wir aber haben solchen Schatz in irdenen, zerbrechlichen
Gefäßen.
Wenn auch unser äußerer Mensch verfällt,
so wird doch der innere von Tag zu Tag erneuert.
Denn unsre Trübsal, die zeitlich und leicht ist,
schafft eine ewige und über alle Maßen gewichtige
Herrlichkeit,
uns, die wir nicht sehen auf das Sichtbare,
sondern auf das Unsichtbare.
Denn was sichtbar ist, das ist zeitlich;
was aber unsichtbar ist, das ist ewig.

nach 2. Korinther 4, 6+7+17+18

Inhalt

Statt eines Vorwortes

„Ein kostbares Geschenk sind mir Deine Briefe und noch mehr der innere Weg, den Du darin zum Ausdruck bringst.

Wann darf ein Mensch schon so nahe an das zarte Verhältnis einer Seele zu Gott herantreten, wie Du es mir darin erlaubst. Auch für einen Pastoren wie mich ist das nicht ‚Alltagsgeschäft‘, sondern ‚Heiliges Land‘ – der Ort, wo der Himmel die Erde berührt wie bei Jakobs Traum von der Himmelsleiter – oder wie in Jesajas Vision im Tempel.“[1]

So schreibe ich an Gertrud, nachdem ich bereits seit mehr als einem Jahr mit ihr in intensivem Gespräch bin – meist telefonisch, gelegentlich in direkter Begegnung, selten von meiner Seite auch durch Briefe. Sie selbst reflektiert ihren spirituellen Weg sehr intensiv in ihren Briefen, die hier nun einer breiteren Öffentlichkeit zugänglich werden.

Anfangs ist ihr wichtig, dass im Blick auf ihren Brief niemand „anders erfährt, dass er von mir kommt. Ich fürchte, mir würde dadurch zu viel verlorengehen.“[2] Später korrigiert sie sich ausdrücklich: „Jetzt möchte ich Dir aber sagen, dass ich inzwischen anders denke über das, was meine Briefe an Dich angeht. Heute habe ich manchmal den Eindruck, dass es gar nicht so sehr um mich geht, sondern dass irgend etwas wie ein Strom durch mich hindurch fließt zu Dir oder auch weiter ... So hast Du also von mir aus alle Freiheit zu tun, was Du für gut hältst. Ich habe keine ‚Urheberrechte‘ und habe auch keine Befürchtungen mehr, dass es mir schaden könnte. Am Ende wird Gott uns beide bewahren

---

[1] Hier und im folgenden Text der Einleitung sind die Datumsangaben aus den Briefen vermerkt: 15. Dezember 2001. Jakobs Traum von der Himmelsleiter: 1. Mose 28, 10 ff. – Jesajas Vision im Tempel: Jesaja 6, 1 ff.
[2] 24.2.2000

und hoffentlich im Stillen gebrauchen und Segen fließen lassen, wohin er will."[3]

In diesem Vertrauen und in dieser Hoffnung können diese Briefe auch für andere, die sich auf einen spirituellen Weg begeben, fruchtbar werden. Denn in den Briefen kommen viele **zentrale Themen eines jeden spirituellen Weges** zur Sprache – Themen, die sich natürlich in den letzten Abschnitten des Lebens besonders unausweichlich stellen.

So durfte ich Gertrud begleiten und Einblick nehmen in einen Weg, auf dem auch ich selbst unterwegs bin – auf dem sie mir aber zugleich ein Stück voraus war:

- Vom ersten Brief an ist der **Leib** wesentlicher Ort der spirituellen Erfahrung – zunächst in Übungen, die Körperwahrnehmung einbeziehen, später auch in der Auseinandersetzung mit Krankheit und Schmerzen.
- **Bilder** aus der christlichen Tradition gehören zum Übungsweg in der Gruppe, an dem Gertrud teilnahm. Für sie entfaltet sich die Kraft dieser Meditationsbilder in Resonanz zu ihren alltäglichen Erfahrungen sowie zu ihrer stark ausgeprägten eigenen Bilderwelt und entwickelt eine heilsame Wirkung.
- Was kann es bedeuten, dass Gott sein Licht in unseren Herzen aufleuchten lässt, wir aber diesen Schatz in zerbrechlichen Gefäßen tragen – auch zu anderen hin? Im Zentrum des spirituellen Weges steht bewusstes **Nicht-Tun**: Gertrud erfährt, wie im Nichtstun Gott Raum gewinnt – auch nachdem sie durch ihre Krankheit nichts mehr tun kann – und dass seine Kraft wie ein Strom durch sie hindurch wirkt.
- Wie kann es geschehen, dass sich Gottes Licht in uns ausbreitet? Gertrud erfährt einen inneren Prozess der **Klärung**, der für jeden über reine Wellness-Übungen hinaus gehenden

---

[3]   8.10.2003

spirituellen Weg unverzichtbar ist. Bei ihr spiegelt sich dieser Prozess in den Bildern der Verwandlung eines unheimlich bis bedrohlich erlebten Kellers in eine lebensvolle Krypta.

- In diesem Prozess verwandeln sich bei Gertrud auch ihre Vorstellungen und **Bilder von Gott**.

- Ist die Spannung auszuhalten zwischen der Erfahrung unserer Grenzen und möglicherweise zunehmenden Schwächen und dem, was Paulus „über alle Maßen gewichtige Herrlichkeit" nennt? Die Briefe entfalten eine „Theologie des Leidens", die nicht an irgendwelchen akademischen Schreibtischen erdacht ist. **Leiden** als a-personaler Einbruch in ihr Leben nimmt Gertrud als Person an und erfährt darin eine trans-personale Qualität göttlicher Nähe. Anders ausgedrückt: Ihre Leidenserfahrungen sind nicht Theorie, sondern erlittene Schmerzen, ertragene Sinnlosigkeit und Ringen mit Gottes abwesender Anwesenheit oder auch anwesender Abwesenheit. Sie sind durchwoben von dem Trost aus der Begegnung mit Gottes Leiden in Christus.

- In vertieften meditativen Übungen – wie auch im Prozess zum Ende des Lebens hin – kann eine **neue Beziehung zum Leben** gewonnen werden, die Abstand ohne Distanzierung und liebende Verbundenheit auch ohne äußere Nähe in sich schließt. Darin bricht eine neue Ebene der Freiheit auf, die am Ende auch die Freiheit zum Hinübergehen über die Schwelle des Todes beinhaltet.

Erst jetzt – nach mehr als einem Jahrzehnt – fühle ich mich in der Lage, die Briefe erneut zu lesen und schließlich aus der Hand zu geben.

* * *

Bis auf geringfügige Kürzungen, klärende Einschübe und Korrekturen der Rechtschreibung werden die Briefe unmittelbar wiedergegeben. Dabei habe ich über ihren persönlichen Vornamen hinaus gehende Angaben zu ihrer wie zu anderen genannten Personen anonymisiert.[4]

Ich erläutere die Briefe gelegentlich durch kurze Hinweise.[5] Anleitungen zur Meditation[6] bilden den Hintergrund für die Erfahrungen dieses Briefwechsels – vor allem im ersten Jahr. Diese Meditationen wirken auch noch weiter in den Jahren, in denen Gertrud durch die Folgen eines Sturzes in ihrer Wohnung an keinen Tagungen mehr und auch nur noch selten an Übungen in der Gruppe teilnehmen kann. Einige dieser Übungen sind im Anhang dargestellt.

An wenigen Stellen habe ich Briefe von mir an Gertrud eingefügt.[7]

Auf Literaturverweise im Text verzichte ich. Sie wären dem Charakter dieser Briefe nicht angemessen. „Statt eines Nachwortes" sind einige wenige Texte zu den anklingenden Themen angehängt. Wer sich jedoch grundsätzlicher mit hier durchlebten Erfahrungen beschäftigen möchte, findet genügend Literatur zum Thema.

Mir selbst waren in den letzten Jahren drei Bücher hilfreich, auf die ich gern verweise:

---

[4] Die jeweiligen Namen sind durch Buchstaben ersetzt.

[5] Die Erläuterungen zu den Briefen sind kursiv geschrieben.

[6] Die Übungen sind dem Buch entnommen: Christliche Feste meditativ erfahren. Ein Praxisbuch für Einzelne und Gruppen. Wolfgang Lenk in Zusammenarbeit mit Ellen Kubitza und Irmgard Lenk, Benziger-Verlag 1999 – zur Zeit vergriffen. Mit dem Kürzel „CF" und Seitenzahl wird ggf. darauf verwiesen.

[7] Auch sie sind kursiv gedruckt.

- Verena Kast, Altern – immer für eine Überraschung gut, Patmos-Verlag, 2016
- Gerda und Rüdiger Maschwitz, Spirituelle Sterbebegleitung, Mankau Verlag, 2013
- Monika Renz, Hinübergehen. Was beim Sterben geschieht, Herder-Verlag, 2015

Einleitung

Gertrud habe ich in der ersten Hälfte der neunziger Jahre kennengelernt. Sie hatte seit Jahren regelmäßig an Einkehrtagen des Gemeindedienstes der Nordelbischen Kirche teilgenommen, die von Mittwoch vor Himmelfahrt bis zum Sonntag danach dauerten. Ein Rhythmus von Tagzeitengebeten, Vorträgen über biblische Themen und persönlicher Stille prägten diese Schweigetage, bei denen auch das Angebot zu Gespräch oder persönlicher Beichte selbstverständlich war. Ein Bild aus einer dieser Tagungen hat sich mir tief eingeprägt: Bei einer kreativ-spielerischen Gestaltung eines biblischen Textes hatte sie ein großes, blaues Tuch ergriffen und um sich geschlungen. Ihr Gesicht mit den rosa Wangen, den gewellten, grauen Haaren und den unternehmungslustig leuchtenden Augen strahlte daraus hervor: „Sich von Gottes Liebe umhüllen lassen" war das Thema gewesen.

Von November 1999 bis Juni 2000 nahm sie teil an dem Meditationskurs: „Meditation im Alltag – Christliche Feste meditativ erfahren"[8]. In dieser Zeit begann mein intensiver Gesprächs- und Briefkontakt mit ihr, der erst kurz vor ihrem Tod endete. Sie war damals 72 Jahre alt und starb in ihrem 78. Lebensjahr. Erst auf diesem schriftlichen Weg erfuhr ich in immer neuen Einblicken auch Einzelheiten aus ihrem Leben.

Gertrud wurde 1927 geboren. 1943 war sie 16 Jahre alt, als ein Bombenangriff weite Teile Hamburgs und auch ihr Elternhaus zerstörte. Seit 1949 war sie verheiratet und wurde Mutter von

---

[8] In der Einladung zu dieser Halbjahresgruppe heißt es: „Körperübungen, kreative Impulse und Anleitungen zur Meditation sind darin verbunden mit grundsätzlichen Überlegungen zur meditativen Praxis wie zu den Themen des christlichen Jahreszyklus." Der Kurs ist dargestellt in dem o.g. Buch „Christliche Feste meditativ erfahren".

zwei Töchtern und einem Sohn, später auch mehrfache Groß-
mutter. Tiefe seelische Verletzungen, verbunden mit depressiven
Einbrüchen, brachten sie an eine Grenze, die sie eines Tages fast
leibhaftig wie eine unüberwindliche Mauer erlebte. Gleichzeitig
aber erfuhr sie eine Geborgenheit, die sie nur als Gottesbegeg-
nung begreifen konnte.[9] Nach diesem Erlebnis fand sie Anschluss
an eine Gemeinde, in der sie sich mit Freude ehrenamtlich engagierte und Unterstützung auch für ihre schwierige persönliche
Situation fand. Eine tiefe Krise in der Gemeinde und das wach-
sende Leiden an ihrer Ehe führte schließlich 1987 dazu, dass sie in
einen anderen Stadtteil in ein eigenes Haus zog und sich scheiden
ließ. Das Haus, in dem sie mit 60 Jahren ein neues Leben begann,
bewohnte sie noch 18 Jahre lang bis zu ihrem Tod im Juli 2005.

Die tiefen Brüche und Verletzungen ihres Lebens blieben als
dunkle Spur bis zuletzt wirksam in einbrechenden depressiven
Episoden, aus denen sie sich jedoch immer wieder hin zu der
Erfahrung göttlichen Lichtes und unbegreiflicher Liebe lösen
konnte.

Schreiben war für Gertrud eine elementare Lebensäußerung, die
sie auch zur Klärung ihrer eigenen Gedanken und Erfahrungen
brauchte.[10]

Die Briefe berichten von Gertruds inneren Erfahrungen in
zwei verschiedenen Phasen ihrer letzten Lebensjahre, die durch
eine deutliche Zäsur voneinander unterschieden sind:

Die erste Phase (1999 – 2000) umfasst vor allem die Zeit, in
der sie am Meditationskurs teilnahm. Sie reflektieren die Erfahrungen, die sie mit den Übungen dieses Kurses gemacht hat,
aber auch die Nachwirkungen, verstärkt durch ihre Teilnahme an
einem Einkehr-Wochenende im Gethsemanekloster bei Goslar,

---

[9]   vgl. Brief vom 24.2.2000
[10]   vgl. Brief vom 1.8.2003

das besonders durch seine romanische Krypta eindrucksvoll weiter wirkte. Auch in der zweiten Phase klingen immer wieder einmal Motive aus dieser Zeit an, treten aber in den Hintergrund der Erinnerung bzw. der verinnerlichten Erfahrung.

Die zweite Phase (2001 – 2005) beginnt mit einem tiefen Einbruch, als sie im Januar 2001 in ihrer Wohnung stürzt und in der Folgezeit an Lähmungserscheinungen und Schmerzen leidet. Zunächst ist sie an das Haus gebunden wie auch in der letzten Phase ihres Lebens. Die ersten Briefe aus dieser Zeit sind sehr kurz, auch die späteren schreibt sie oft nur mit Mühe, obwohl sie schon nach einem halben Jahr wieder in fast derselben gepflegten Handschrift wie vor dem Unfall schreibt. „Ich bin nur froh, dass Gott mich nicht auch noch am Schreiben hindert. Das zählt ja zu den Dingen, die ich noch tun kann."[11]

Gertrud muss nun allerdings zunehmend mit Nerven-**Schmerzen** leben, die ihr das Schreiben schwer machen. Sie ringt mit der Frage, welchen Sinn ihr Leben in diesem Zustand überhaupt noch haben kann. Sie macht jedoch die erstaunliche Erfahrung, dass Schmerzen und Gottes Nähe in einen eigenartigen Einklang kommen können: Gottes Nähe nicht trotz der Schmerzen, sondern in ihnen![12] Dabei unterscheidet sie genau zwischen diesen Schmerzen, von denen sie weiß, dass sie – nach vergeblichen ärztlichen Bemühungen – nur ausgehalten werden können, und anderen, wie zum Beispiel Zahnschmerzen, für die sie sich durch kieferchirurgische Eingriffe noch im letzten Jahr ihres Lebens Hilfe holt.

Immer wieder einmal taucht die Frage auf, wie lange sie das noch aushalten müsse. Dabei beschreibt sie mit erstaunlicher Klarheit einen eigenartigen Zwischenzustand, zwischen dem Leben, an dem sie nun nicht mehr ungebrochen teilhaben kann, und

---

[11] 10.4.2003
[12] vgl. Briefe vom 2.6.2003 und 3.7.2003

dem Leben, auf das sie jenseits des Todes hofft. Dieser Zustand hat für sie nichts mit stumpfer Gleichgültigkeit zu tun, sondern ist wache Teilhabe am Leben – jedoch aus einer anderen Perspektive als der handelnden.[13] Gleichzeitig leidet sie aber auch unter der Distanz und sehnt sich danach, „irgendwo zu Hause „ zu sein.[14]

Nach viereinhalb Jahren des Leidens wird es ihr geschenkt, endlich ganz in der anderen Wirklichkeit anzukommen.

Gertrud war eine Frau mit ausgesprochen **visueller Begabung**. Auch nach ihrer ersten starken Gotteserfahrung tauchten immer wieder Bilder auf – ungewollte Imaginationen bei Tag oder auch in Träumen. So erlebte sie auch biblische Geschichten weniger von ihrer rationalen Bedeutung als von deren bildlich-symbolischem Gehalt her. Sie war in der Bilderwelt der Bibel zu Hause; das erwies sich gerade in der schwierigsten Phase ihres Lebens als wertvolle Quelle, aus der sie immer wieder schöpfen konnte. Was im „betrachtenden Gebet" seit Ignatius von Loyola systematisch geübt werden kann, war für sie selbstverständlich.

Dabei hatte sie ein gesundes Unterscheidungsvermögen zwischen der Welt ihrer inneren Bilder und der Welt der äußeren Realitäten: Die inneren Bilder waren ein Teil ihrer Begegnung mit der göttlichen Wirklichkeit. Sie hatten zu tun mit ihrem innersten Wesen, hinderten jedoch in keiner Weise ihre Fähigkeit, ihren Alltag zu bewältigen.[15]

Für mich als geistlichem Begleiter war zunächst wichtig abzuklären, welche Qualität dieses innere Bilderleben für Gertrud hatte. Spirituelle Erfahrung und seelisch krankhafte Entwicklungen sind bisweilen nahe beieinander. Aus diesem Grund hatte wohl auch eine Seelsorgerin einmal zu ihr gesagt, sie dürfe ihre

---

[13] vgl. Brief vom 1.5.2003
[14] vgl. Brief vom 31.12.2000
[15] vgl. Brief vom 8.7.2000

„Bilder nicht ernst nehmen, weil das Schwärmerei ist"[16]. Nachdem mir klar war, wie selbstverständlich sie in ihrer Alltagswirklichkeit zu Hause war, konnte ich auch auf die heilende Kraft ihrer Bilder[17] vertrauen, die sie sowohl spontan als auch in Zusammenhang mit der Meditation von biblischen Texten und Symbolen entwickelte. So schrieb sie rückblickend: „Es begann vor einigen Jahren damit, dass Du mir Mut gemacht hast, meine Bilder zuzulassen. Später, wenn ich Fragen hatte, hast Du mir keine direkten Antworten gegeben, sondern Denkanstöße und die Ermutigung, meinen eigenen Weg zu finden. Und das ist es wohl, was mir wirklich hilft."[18]

In dem **Meditationskurs** „Meditation im Alltag – Christliche Feste meditativ erfahren" sind die Grundschritte meditativer Übung immer wieder verbunden mit Übungen zur Wahrnehmung des Körpers.[19] Dahinter steht die Einsicht, dass unser Körper immer schon präsent ist – wie auch Gott schon gegenwärtig ist und nicht erst durch unsere Übung vergegenwärtigt werden muss. Allerdings sind wir mit unserem Bewusstsein meist nicht ganz an diesem Ort, an dem unser Körper schon ist: Hier. Auch sind wir mit unserer Aufmerksamkeit meist nicht ganz in dieser Zeit, in der wir einzig unseren Körper – und damit unser Leben – erfahren: Jetzt[20]. Die Grundübung ist also ganz schlicht: Einfach nur da sein, wie Gott bereits da ist. Der Leib wird dabei begriffen

---

[16] vgl. Brief vom 10.4.2003
[17] Ausführlich mit diesem Thema habe ich mich noch zu Gertruds Lebzeiten in einem Vortrag über die „Heilende Kraft der Bilder" befasst, abgedruckt in: Wolfgang Lenk, der Weg, den du gehst, Aufsätze, Betrachtungen, Vorträge und Meditationen, Books on Demand, 2015, S.242
[18] vgl. Brief vom 10.4.2003
[19] Vgl. CF S.29 ff.
[20] Mehr dazu in: Wolfgang Lenk, Meditation, Band 2 der Reihe „Endlich Zeit für…" im Lutherischen Verlagshaus, Hannover 2007, S.61 ff. – im Folgenden zitiert als „M" und Seitenangabe.

als „Tempel des Heiligen Geistes".[21] Darin ist der Meditationsweg, den auch Gertrud in der Gruppe mit uns gegangen ist, ein kontemplativer Weg. Zur Kontemplation führen in diesem Kurs sowohl die Übungen zur Wahrnehmung des Körpers als auch die Themen, Bilder und Symbole aus dem Kirchenjahr, die oft mit imaginativen Anregungen verbunden sind. Notwendig gehört zu diesem Weg aber auch das Angebot persönlicher Begleitung, die Gertrud dann bei mir wahrnahm.

Sowohl in der Körperwahrnehmung als auch in den symbolischen Bildern liegt die Tiefenwirkung begründet, die solch ein meditativer Weg haben kann und die Begleitung notwendig macht: Im Körper sind viele, wenn nicht sogar alle Erfahrungen unserer Biographie gespeichert, die unser Bewusstsein längst vergessen hat.[22] Deshalb ist es nicht ungewöhnlich, dass Gertrud im Laufe des Kurses – und auch in seiner Wirkung darüber hinaus – Ereignisse erinnerte, die sie meinte, längst hinter sich gelassen zu haben: Unbewältigtes kam zu Tage und konnte sich gerade durch die Begleitung im Gespräch klären und lösen. Ihr „Keller" – oder wie sie es auch nennen konnte: ihre „Tiefe" – wurde aufgeräumt und verwandelte sich zum Ort des Rückzugs angesichts äußerer Schmerzen und Erschütterungen. Er wurde zum Ort der bleibenden Gegenwart Gottes.

Dieser Prozess leitete etwas ein, was ohnehin in der letzten Lebensphase eine wichtige Rolle spielt: noch einmal auf das Leben zurück zu schauen und besonders im Blick auf schwierige Erfahrungen und Abschnitte des Lebens einen Weg zum Frieden zu finden. Dabei ist es nötig, solche Themen immer wieder anzusehen, bis sie losgelassen werden können. So ist es wohl nicht nur Ausdruck ihrer abnehmenden Kräfte, wenn Gertrud in den Briefen der letzten Jahre manche Themen neu aufgreift und noch

---

[21]   1. Korinther 6,19
[22]   Vgl. M S.24 ff.

einmal etwas anders beschreibt, die in früheren Briefen schon vorkamen. Ich habe mich deshalb entschieden, diese Wiederholungen nicht zu tilgen.

Im letzten Brief vor ihrem Tod blickt sie selbst auf diesen ganzen Prozess noch einmal zurück und schreibt: Vor längerer Zeit hatte „ich … den Eindruck, dass es tief in mir einen ganz dunklen Raum gibt, zu dem ich keinen Zugang habe. Es war eigentlich nicht beängstigend für mich, weil ich davon überzeugt war, dass Jesus diesen Raum kennt und ihn bewacht. Aber dann hatte ich während der Zeit des Meditationskurses in der Stille zu Hause das Erlebnis, dass aus meiner Tiefe etwas Schreckliches hoch kam. Es sah aus wie eine Schlange mit einem grässlichen Kopf. Mir war so, als müsste ich mich übergeben und dann war es auch vorbei. Später erlebte ich dann diesen Raum in mir hell und so wie die Krypta in Riechenberg. Einmal in der Weihnachtszeit lag in diesem Raum auf dem Boden ein Kind und füllte den ganzen Raum mit Wärme."[23]

---

[23] vgl. Brief vom 6.5.2005

Schatz in irdenen Gefäßen –
Briefe August 1999 bis Dezember 2000

14.08.1999

Ich möchte Ihnen sagen, wie sehr das, was ich bei den Einkehrtagen in Breklum in diesem Jahr erlebt habe, bis in meinen Alltag hinein wirkt. Im Juni habe ich mir das Knie verletzt. Jetzt kann ich schon wieder ganz gut laufen, aber mein Kniebänkchen ist seitdem außer Betrieb. Ich weiß auch nicht, ob ich es noch einmal wieder benutzen kann. Das gehört nun wohl auch zu den Dingen im Leben, die ich loslassen muss.

Mir fallen die vielen Frauen ein, die in den vergangenen Jahren die Einkehrtage aufgeben mussten, weil die Gesundheit nicht mehr ausreichte. Der Gedanke, dass es auch bei mir vielleicht so weit sein könnte, hat mich zuerst fast zur Verzweiflung gebracht. Aber noch ist das ja gar nicht sicher, und wenn es dann so weit sein wird, werde ich wohl auch das loslassen können.

Bei unserem letzten Gottesdienst in Breklum haben Sie mit uns eine Übung gemacht, die ich seitdem zu Hause oft praktizierte: das ganz bewusste Stehen auf der Erde, die Hände nach oben ausgestreckt, den Segen aufzunehmen, festzuhalten und dann weiterzugeben, bis wir wieder leer vor Gott stehen. Das hat mir oft gut getan.[24]

Jetzt empfinde ich das wie den Ablauf meines eigenen Lebens. Ich bin an dem Punkt angekommen, wo ich alles weg gegeben habe, wie ein Baum, von dem die Früchte abgeerntet sind. Nun kann ich nur noch die letzten Blätter loslassen. Aber der Gedanke, leer

---

[24] Anhang: 1. Übung

vor Gott zu stehen, hat nichts Erschreckendes mehr für mich, es ist manchmal sogar unbeschreiblich tröstlich. Aber dies Loslassen der letzten Blätter ist sehr realistisch: Ich bin dabei, mein Haus aufzuräumen und alles, was ich nicht mehr brauche, weg zu geben oder weg zu werfen. Es gibt zum Beispiel noch viele Erinnerungen an meine erste Zeit bei der Haushalterschaft.[25] ... Die Zeit hat mein Leben und besonders mein Tun sehr geprägt. Aber jetzt kann ich das alles loslassen, weil ich es nicht mehr brauche. Das Loslassen scheint im Augenblick überhaupt meine Hauptbeschäftigung zu sein. Aber ich habe den Eindruck, je mehr ich Dinge und Erinnerungen loslasse, um so mehr fühle ich mich von Gott festgehalten. Ich bin froh, dass ich meine Erfahrungen mit Gott nicht auch noch loslassen muss.

02.12.1999

Ich möchte Dir doch noch einmal sagen, wie es mir nach unserem Gespräch ergangen ist. Mit einer kurzen Antwort auf eine kurze Frage am Dienstag möchte ich das nicht abtun.

Meine Sichtweise auf meine vergangene Lebenszeit hat sich sehr geändert, als mir klar wurde, dass Gott ja schon immer dabei war, auch als ich es noch nicht wusste. Ich kann nun die Dinge, die in meiner Erinnerung hochkommen (jetzt sind es auch viele gute!), in die Hände nehmen, als einen Teil meines Lebens bejahen und ganz behutsam in meinen imaginären Korb legen. Aber

---

[25] „Haushalterschaft" war eine Bewegung in evangelischen Kirchen, besonders in den siebziger und achtziger Jahren des letzten Jahrhunderts. In der Nordelbischen Kirche wurde sie von Pastor Alois Bayer geleitet und im Rahmen des Gemeindedienstes weitergeführt. Sie förderte die Eigenständigkeit und Eigenverantwortlichkeit von Laien und deren aktive Mitarbeit in den Gemeinden nach dem Leitwort: „... dient einander, jeder mit der Gabe, die er empfangen hat, als die guten Haushalter der mancherlei Gnade Gottes." 1. Petrus 4, 10.
Vgl. auch die Briefe vom 5.4.02 und 11.3.03

es ist kein Abfallkorb, sondern wie einer, in den man Früchte sammelt.

Nun muss ich nicht mehr mein Leben als einen Scherbenhaufen ansehen, sondern als etwas, zu dem ich stehen kann.-

Und dann ist da noch etwas: Bei der Meditation am Dienstag, als es darum ging, offen zu sein zum Empfangen, fielen mir die Zeiten meiner Schwangerschaften ein. Es waren die schönsten Zeiten in meinem Leben, so gut zu spüren, dass etwas Geliebtes in mir wächst. Und dieses Gefühl war ganz leise am Dienstag wieder da.

Ich war schon längere Zeit der Meinung, dass ich mein Leben gelebt habe und war auch bereit, das alles los zu lassen. Und nun tut sich ganz zaghaft die Frage bei mir auf, ob es denn vielleicht doch noch einmal etwas ganz Neues geben wird in meinem Leben?[26]

08.12.1999

Ich hatte ja jetzt angefangen, mein Leben zu akzeptieren und zu bejahen. Und doch kam da immer wieder ein Aber....

Ich hätte so gern etwas Sinnvolleres getan. Ich hätte Gott gern am Ende meines Lebens etwas Schöneres zurückgegeben, so wie man einem Menschen, den man liebt, etwas Schönes geben möchte. – Und jetzt ist da wieder einmal ein Bild: Auf meinem Weg, der hinter mir liegt, ist eine lange Lichterkette. Viele kleine Lichter, und zu jedem gehört eine gute menschliche Begegnung, ein Gespräch, ein Geschenk, ein Brief, eine Umarmung oder auch nur ein Wort, ein Blick, ein Gebet. Das hat mich unbeschreiblich glücklich gemacht.

Ich hatte bisher immer gedacht, wenn Gott sich mit mir so viel Mühe macht, dann müsste das einen Grund haben, dann würde

---

[26]   Anhang: 2. Übungsfolge

er irgendetwas von mir erwarten. Und ich konnte es nicht herausfinden.

Nun sehe ich, dass Gott mein Leben ganz anders ansieht als ich, dass er gar nichts anderes von mir erwartet hat, als diese vielen kleinen Dinge, die mir so selbstverständlich sind. Er liebt mich einfach nur so. Du hast es mir mehr als einmal gesagt, aber ich konnte es bisher wirklich nicht glauben. Nun hat es bei mir „klick" gemacht, endlich! -

Und dann ist da noch etwas anderes: Vor einigen Jahren war da ein Bild von unserer Welt, schrecklich dunkel und voll von schreienden und weinenden Menschen. Und Gott sagte: „Ich will euch doch helfen, warum haltet ihr denn die Hände nicht auf."

Das hat mich lange nicht losgelassen. Aber nun ist diese Welt voll von unzähligen kleinen Lichtern, lauter Spuren, wo Gott in seinen Menschen über diese Erde geht. Durch die vielen kleinen Lichter ist es bei mir schon jetzt wie Weihnachten. Ich kann das alles kaum fassen, darum musste ich es Dir wieder einmal schreiben, nur einfach so.

Zwischen diesem und den folgenden Briefen liegen eine Reihe von Meditations-Übungen zu Weihnachten und zur Epiphanias-Zeit, auf die Gertrud zunächst nicht schriftlich eingeht. In späteren Briefen beschreibt sie jedoch Nachwirkungen und greift Erfahrungen aus diesen Übungen auf.[27]

In Verbindung mit den Visualisierungen und Imaginationen bei der Meditation hatte ich Gertrud in einem Gespräch ermutigt, ihre eigenen inneren Bilder ernst zu nehmen. Auch hatte ich sie gebeten, mir frühere Bilder aufzuschreiben, die sie noch erinnerte. Der folgende Brief ist darauf eine Antwort.

---

[27]   Anhang: 3. Übungsfolge

24.02.2000

Ich möchte den Versuch machen, die Bilder zu beschreiben, die mir begegnet sind und die mein Leben so verändert haben. Ob das überhaupt möglich ist, weiß ich aber noch gar nicht.

Es begann damit, dass ich an einem Vormittag plötzlich eine Wand vor mir sah, die mir meinen Weg versperrte. Darüber war ein helles Licht. Es war aber kein warmes Licht wie von der Sonne, sondern durchdringend hell und erschreckend. Das hat mich umgeworfen. Obwohl Gott in meinem Leben bisher überhaupt keine Rolle gespielt hatte, war mir sofort klar, dass er jetzt vor mir steht. Ich war davon überzeugt, dass jetzt gleich alles über mir zusammenbrechen würde und damit mein Leben zu Ende wäre. Aber das machte mir keine Angst, ich war nur froh, dass Gott wirklich da war, wenn auch auf eine erschreckende Weise. Aber dann passierte das Schreckliche gar nicht. Im Gegenteil, es war so, als würde mich jemand aufheben und mich in die Arme nehmen. Das war für mich so unfasslich, ich war einfach selig.

Danach habe ich angefangen, die Bibel von der ersten bis zur letzten Seite durchzulesen, ich habe sie förmlich verschlungen wie einen Liebesbrief Gottes an seine Menschen.

Später wachte ich einmal in der Nacht auf, sah vor mir eine Wiese und in der Ferne den Himmel an einer Stelle offen. Vor dort kam ein Licht, aber diesmal war es ein wärmeres Licht. Eine lange schwankende Strickleiter hing von oben bis zu mir und es war eine leise Stimme, die nur „komm" sagte. Und ich konnte fröhlich und völlig ohne Angst ja sagen.

Danach kam eine längere Zeit, in der ich ständig schwankte zwischen Verzweiflung, Vergebung und danach übermäßiger Freude bis alles wieder von vorn anfing. Ich hatte damals gehofft, dass Gott mir einen Weg aus meiner Ehe zeigen würde, aber das war ein Irrtum. Er hat mir aber sehr deutlich zu verstehen gegeben, dass er nicht bereit war, mit mir über meinen Mann zu reden, sondern nur über mich. Einmal habe ich mich selbst vor mir gesehen, völlig durchsichtig, so wie Gott mich sieht. Das Bild stimmte überhaupt nicht mit dem Bild überein, das ich von mir hatte. Das war eine Zeit harter Bewährungsproben. Meine Beziehung zu Gott war nicht mehr so unbekümmert fröhlich wie am Anfang, aber dafür sehr viel tiefer und voller Sehnsucht.

In der Zeit gab es nicht mehr so deutliche Bilder, sondern Gott sprach mich durch Worte aus der Bibel an. Ich bin immer wieder daran erinnert worden, dass Gott nicht nur der liebevoll uns zugewandte Gott ist, sondern immer gleichzeitig auch der unerreichbare und heilige.

Einmal wachte ich in der Nacht auf mit dem Gefühl, dass jemand in meinem Zimmer ist. Aber das machte mir gar keine Angst. Es war so, als wäre das ganze Zimmer in einem braunen Mantel, so wie eine Mönchskutte. Nach einer Weile ging er leise wieder hinaus. In dem Augenblick ist mir das Versprechen Jesu: „Ich bin bei euch alle Tage" zur Realität geworden.

Einmal in der Nacht hörte ich in der Dunkelheit die Menschen weinen und schreien. Ich sah die Erde von oben her, sah das Elend und die Not. Und Gott war da und sagte: „Ich will euch doch helfen, warum haltet ihr denn die Hände nicht auf".

Da ist mir zum ersten Mal wirklich klar geworden, dass Gott leidet, mit uns und an uns.

Ich habe den Eindruck, durch die Meditation nehme ich die Bilder jetzt anders auf als vorher. Mein ganzer Körper ist daran beteiligt.

Bei meinem Bild von dem Brunnen ist mir das bewusst geworden. Ich sah ganz deutlich den runden Brunnen aus Feldsteinen. Sie fühlten sich feucht an und waren stellenweise bemoost. Es roch so frisch und das Wasser war angenehm kühl an meiner Hand. Der Brunnen war tief und dunkel, der Grund nicht zu sehen. Nun ist es bei dem Bild vom Brunnen nicht geblieben, sondern in mir ist diese dunkle Tiefe, die aber nichts Bedrohliches hat. Ich habe den Eindruck, dass sich bei mir selbst wieder etwas verändert.

Seit Beginn des Meditationskurses hatte ich den Eindruck, dass etwas in mir immer weiter wird, wie bei einer Schwangerschaft. Das Schreiben dieses Briefes empfinde ich jetzt wie einen Geburtsvorgang. Das, was ich 28 Jahre lang für mich behalten habe, schreibe ich Dir und überlasse es Dir, so wie man als Mutter sein eigenes Kind bei der Geburt zum ersten Mal anderen Händen anvertraut. Ich weiß nicht, ob Du mit diesem Brief überhaupt etwas anfangen kannst. Aber Du kannst damit tun, was Du willst. Ich habe nur eine Bitte, ich möchte nicht, dass jemand anders erfährt, dass er von mir kommt. Ich fürchte, mir würde dadurch zu viel verlorengehen.

Ich möchte Dir gern wieder einmal schreiben, weil ich bei meinem letzten Brief gesehen habe, dass es mir so sehr gut tut. Die Erfahrungen vertiefen sich, wenn ich sie aufschreibe und es geht mir nichts davon verloren, wenn ich sie an Dich weitergebe.

Es ist in mir immer noch der tiefe Brunnen. Es kommt mir der Gedanke, dass der Brunnen ja schon lange da war, aber er war oben mit Brettern zugenagelt. Wenn unten die Quelle sprudelte, hatte ich manchmal den Eindruck, es würde mich zerreißen, weil ich so voll war und nichts weitergeben konnte. Nun bist Du gekommen und hast diese Bretter abgenommen. Die Sonne scheint darauf und ich fühle mich befreit und glücklich.

Bisher habe ich gedacht, dass ein Brunnen ja keinen Sinn hat, wenn niemand kommt und daraus schöpft. Jetzt darf ich einfach nur ganz still überfließen, ohne nach einem Nutzen zu fragen, weil bei Gott ja die unerschöpfliche Fülle ist.

Beim Meditationsabend am Dienstag wurde es in meinem Bauch weit und warm. Es war eine Sommerwiese da mit Blumen. Bei jedem Atemzug bewegten sich weiße Margeriten und blaue Akelein leise hin und her. Bei der zweiten Meditationsphase hoffte ich, die Wiese würde wiederkommen, weil es so schön war. Die Wärme kam auch wieder, aber diesmal war da ein schöner warmer, weißer Sandstrand, so richtig angenehm an den Füßen. Und mit jedem Atemzug kam eine kleine Welle und verlief leise im Sand.

Heute wurde es bei der Meditation wieder durch das Atmen ganz weit in meinem Bauch und allmählich wurde ein Korb daraus. Der füllte sich allmählich mit Früchten, ganz verschiedene, einheimische und exotische. Der Korb wurde immer voller und voller bis zum Überlaufen.

Heute war wieder einmal der Brunnen da, aber er hatte sich verändert. Er lief immer noch ganz leise über, aber jetzt blühten rundherum Blumen, wieder Margeriten und Akelei. Es ist

so schön und ich möchte das Bild ganz tief in mich hinein nehmen, spüre es bis in die Fingerspitzen. Weil diese Bilder so schön
sind, habe ich versucht, sie mir selbst vorzustellen mit meiner
Phantasie. Aber das funktioniert nicht. Seitdem ich nun sicher
bin, dass diese Bilder also nicht in meiner Phantasie entstehen,
sind sie mir noch kostbarer geworden. Ich genieße sie, aber ich
frage mich, ob sie nicht auch noch einen anderen Sinn haben, als
einfach nur schön zu sein.

Ich habe den Eindruck, dass ich nicht nur bei der Meditation
sensibler werde, sondern auch im Alltag. Ich erlebe alles viel intensiver und denke, dass ich in meinem Leben noch nie so bis in
die Tiefe glücklich gewesen bin wie jetzt.

Heute ist wieder einmal alles ganz anders. Ich finde keine Ruhe
in meiner stillen Zeit. Es ist etwas geschehen, was ich mir nicht
mehr zugetraut habe. Es kamen bei mir so negative Gedanken
hoch gegen einen Menschen, die gar nicht berechtigt waren. Ich
war selber so entsetzt über mich. Auf dem Hintergrund der Helligkeit der vergangenen Tage ist mir meine eigene Dunkelheit
so unerträglich. Ich weiß ja, dass Gott seine kostbaren Schätze
in irdene Gefäße legt. Ich weiß es im Kopf, aber ich kann es so
schwer ertragen!

Am Abend habe ich mich ganz bewusst hingelegt mit dem Gedanken, ganz und gar offen zu sein für Gott. Mit diesem Gedanken bin ich eingeschlafen in der Hoffnung, dass er selbst Licht in
meine Dunkelheit bringt. Bei der Meditation am nächsten Tag
war wieder ein tröstliches Bild da:

Ich konnte ganz tief in einen Keller sehen, Licht schien durch
die Kellerfenster hinein und der Fußboden war sauber gefegt.

13.3.00

Meine Gedanken kreisen viel um das Bild vom irdenen Gefäß.

Meine Töchter töpfern gern, und die Schalen, die sie mir gemacht haben, liebe ich sehr und benutze sie auch viel. Aber ich

würde nicht etwas Kostbares und Zerbrechliches hineinlegen, weil ich denke, dass es nicht zusammen passt. Gott scheint das ja anders zu sehen.

Jetzt war auch in meiner Stille so eine Schale da, es lag ein kostbarer Schatz drinnen, der wurde allmählich immer größer, bis die Schale überlief und nicht mehr zu sehen war.

Über dieses Bild konnte ich mich nicht mehr freuen, es machte mir Angst. Die Fülle erschlägt mich. Aber ich kann nicht mehr ausweichen. Wenn ich die Stille meide, kommen die Bilder vor dem Einschlafen, wenn ich mich nicht wehren kann. Was wird da noch alles auf mich zukommen? Ich habe den Eindruck, es geschieht jetzt mehr mit mir als ich verkraften kann. Ich kann nicht mehr zurück, will es aber ja eigentlich auch gar nicht.

14.3.

Am liebsten hätte ich Dich gestern angerufen und um Hilfe geschrien. Aber ich denke, vielleicht ist es besser, wenn ich erst einmal allein vor Gott stehen bleibe. Mir geht es wie Petrus, der ganz begeistert über das Wasser geht und plötzlich erkennt, dass das ja eigentlich gar nicht möglich ist.[28] Ich habe einfach nur in vollen Zügen genossen, was gewesen ist in den vergangenen Wochen und Monaten. Und jetzt wird mir schlagartig klar, dass das alles gar nicht in mein Gefäß passt. Ich bin aus meinem Himmel gefallen und weiß gar nicht, was jetzt geschehen wird. Vielleicht ist es gut für mich, einfach nur die ganz alltäglichen Dinge zu tun. Klar denken kann ich im Augenblick sowieso nicht. Aber eines wird mir doch allmählich klar: ich bin zwar aus meinem Himmel gefallen, aber nicht aus Gottes Hand.

Und wenn es zu schwer wird, rufe ich Dich doch noch an.

---

[28] Hier bezieht sich Gertrud auf Matthäus 14, 22-33

In der Zeit dieser Briefe wurden im Kurs Übungen zur Passionszeit angeleitet[29].

23.3.00

Die Zeit der schönen Bilder ist vorbei, aber ich vermisse sie auch nicht. Ich erlebe im Augenblick Gott so nah, dass jetzt nicht die Zeit des Redens ist für mich, sondern des Stillhaltens. Es ist wirklich Fastenzeit.

Aber ich schicke Dir meine Bilder. Das erste ist einige Tage alt, das zweite ganz neu. Ich denke, Du wirst verstehen, was sie bedeuten. Wenn ich sage, dass ich sehr glücklich bin, so ist das nicht das richtige Wort. Ich weiß überhaupt nicht, ob es ein passendes Wort gibt für diesen Zustand. Aber ich denke, Du verstehst es auch so.

Diesem Brief sind zwei Bilder beigefügt:

- *Aus oder hinter einer grünen Fläche erhebt sich eine graue Kuppel. Auf dieser Kuppel ruht in höchst labilem Gleichgewicht eine runde Schale, die einem Kelch ähnlich ist – oder zusammen mit der Kuppel ein Kelch sein könnte. In den Kelch hinein fällt eine goldgelbe Lichtflut.*
- *Eine etwas weiter geöffnete Schale erfüllt die ganze Bildmitte, die jetzt unmittelbar auf der grünen Fläche ruht. Noch breiter als bei dem ersten Bild flutet das Licht in die Schale hinein und durchdringt in einzelnen Strahlen die Schale und das Grün darunter.*

8.4.00

Deine Frage nach einer eventuellen Vergewaltigung hat bei mir einen Staudammbruch ausgelöst. Ich habe zwar so etwas von körperlicher Gewaltanwendung nicht erlebt, aber vielleicht haben die vielen tiefen Demütigungen in meiner Ehe eine ähnliche

---

[29] 4. Übungsfolge

Wirkung gehabt. Jetzt ist mir so, als würde eine Schlammlawine an mir vorbeiziehen. Es tut sehr weh, Stück für Stück alles noch einmal zu durchleben, ohne es gleich wieder zu verdrängen.

Ich muss mich fragen, wie es möglich war, dass eine Ehe so überhaupt 38 Jahre bestehen konnte. Ich hatte eine Methode entwickelt, Demütigungen ganz schnell hinunter zu schlucken, bevor mir das wirkliche Ausmaß bewusst wurde. Das erlebe ich erst jetzt. Das funktionierte relativ gut, denn ich liebte meine Kinder. Sie haben mich für vieles entschädigt. Ich wollte, dass sie möglichst nichts davon merkten und ich wollte ihnen das Zuhause nicht nehmen. Den Mut, mein Leben mit drei Kindern allein anzupacken, hätte ich auch nicht aufgebracht.

Jetzt ist also alles, was ich geschluckt habe, auf dem gleichen Wege wieder hochgekommen.

Die Arbeit ist sicher noch nicht bewältigt, aber ich bin dabei.

Dass mein erschreckendes Erlebnis bei der Meditation tatsächlich diese Ursache hat, bestätigt sich für mich auch durch die Erfahrung meines Zusammenbruches am Grab meines Mannes bei seiner Beerdigung und die schrecklichen Alpträume in dieser Richtung.

Wenn ich jetzt auf Gott sehe, so kann ich mir die Dunkelheit etwas anders erklären. Bisher war mir immer ein Satz aus dem 32. Psalm sehr wichtig: „Ich will dich mit meinen Augen leiten". Für mich war das bisher immer so. Darum war ich so unglücklich, dass dies jetzt nicht mehr funktioniert.

Heute denke ich, dass Gott selbst vor Gewaltanwendung nicht zurückschreckt, um mir zu helfen, weil seine Liebe so groß ist. Ich weiß ja, dass ich Jesus alle Verletzungen und Schuld überlassen kann, und war auch ganz sicher, dass ich das immer getan habe. Aber meine Verdrängungskünste haben so gut funktioniert, dass mir gar nicht bewusst war, was ich bei der Meditation in Wirklichkeit nicht loslassen konnte. Nun fühle ich mich also wie nach einer schweren Operation. Es sind noch

Schmerzen da, aber diese Wundschmerzen sehen sehr nach Heilung aus.

Danke für Deine Hilfe bei dieser Operation!

Wenn meine giftigen Pfeile vielleicht aus dieser dunklen Tiefe gekommen sind, brauche ich sie nun vielleicht nicht mehr. Dann wäre ich noch glücklicher.

Manchmal kommt mir der Gedanke, wie Gott sich selbst wohl fühlt dabei, wenn er uns so dunkel und hart begegnet.

Ich habe an meinem Haus einen Weinstock gepflanzt. An diesem idealen Sonnenplatz ist er prächtig gewachsen. Aber ich habe mir von einem Gärtner sagen lassen, bis die Wurzeln tief genug sind und der Stamm dick genug, müsste ich ihn radikal jedes Jahr zurück schneiden, wenn er Früchte tragen soll.

Ich kenne ein Haus, das wunderschön bewachsen ist mit einem alten Wein, der nie beschnitten wurde. Er hat aber niemals Frucht getragen. So habe ich denn also meinen Wein beschnitten. Aber in einem Jahr war er so schön gewachsen, die halbe Hauswand war schon grün. Es ist mir so schwer gefallen, das alles abzuschneiden. Mir war dabei fast zum Weinen, auch hatte ich Angst, er würde sich gegen das viele Schneiden wehren und im Frühjahr nicht mehr ausschlagen. Aber als er doch wieder grün wurde, war ich so froh. In dem Jahr hat er zum ersten Mal Früchte getragen. Jetzt muss ich nur noch die wilden Triebe abschneiden.

Ob es Gott wohl manchmal auch so geht wie mir? Der Gedanke macht mir vieles leichter und ich habe Hoffnung, dass Deine schöne Karte von Maria mit der Quelle[30] einmal wieder in mein Leben passt. Danach habe ich so große Sehnsucht.

---

[30] Ein Bild der indischen Künstlerin Lucy D'Souza-Krone, in dem diese das Motiv klassischer Ikonen von der „Gottesmutter als Leben schaffendem Quell" aufgenommen hat.

13.4.00

Bei mir rückt scheinbar Ostern immer näher, ich habe die Hoffnung, dass ich wieder anfangen könnte, wirklich zu leben. ---

Seit meiner Scheidung konnte ich M[31] begegnen, als würde ich ihn nur flüchtig kennen. Es tat nichts mehr weh, aber es war für mich auch kaum noch vorstellbar, dass wir drei Kinder zusammen hatten. Es gab für mich keine Schwierigkeiten mehr, aber doch war mir dieser Zustand fast unheimlich, weil es mir so unmenschlich vor kam. Es war so, als wäre etwas in mir tot. Nun kam alles wieder, was für mich so schlimm gewesen war. Tagelang musste ich alles Stück für Stück noch einmal bewusst erleben. Und es tat sehr weh. Am Ende konnte ich aber auch noch einmal erleben, dass ich ein starkes Gefühl von Wärme und Zärtlichkeit für M gehabt hatte, dass bei mir einmal alles ganz „normal" war. Das hatte ich auch vergessen (verdrängt).

Wenn ich daran denke, dass ich die letzten Jahre gelebt habe, obwohl ein Teil von mir ganz tief unten im Verborgenen zu Eis erstarrt war, ohne dass es mir wirklich bewusst war, dann graut mir heute noch davor. Ich würde so gern einen sichtbaren Schlussstrich ziehen unter dies alles.

Vor 10 Jahren glaubte ich, mit der Scheidung wäre ein Schlussstrich gezogen, aber das war ein Irrtum. Dann hoffte ich, mit M's Beerdigung wäre das alles zu Ende. Aber jetzt sehe ich, das auch das ein Irrtum war.

Ich möchte so gern wieder anfangen, verletzbar zu leben und das richtige Maß an Abgrenzung finden. Gern wäre ich wieder richtig frei, fühle mich aber noch nicht so. Ich hoffe auf Ostern, auch wenn Ostern für mich vielleicht nicht auf den 23. April fällt.

Hoffentlich ist der Weg nicht mehr so lang, er ist so viel schwerer, als ich es mir vorgestellt hatte.

---

[31] M steht für den Vornamen ihres Mannes, den ich auch im Folgenden durch diesen Buchstaben benenne.

Es ist nur gut, dass ich ihn nicht allein gehen muss.

Hinter den folgenden Briefen stehen Übungen zur Osterzeit[32]

23.4.00

Ich möchte Dir heute einen richtigen Osterbrief schreiben.

Als die Bilder aus meiner Ehe zu Ende gingen, war ich zwar erleichtert, aber ich fühlte mich doch nicht ganz frei. Bei der Meditation war meine Schale nicht voller Licht, sondern es war noch sehr getrübt von dem Dunkeln. Aus meiner Tiefe vom Beckenboden her kam nichts Dunkles mehr, abere ich hatte den Eindruck, dass dieser Weg noch nicht zu Ende ist. Es kamen wieder Tage voller Unruhe. Es war nicht mehr bedrohlich, aber ich hatte den Eindruck, nachdem es am Anfang um Kindheitserlebnisse gegangen war, danach nun meine Ehe, dass es nun ganz allein um mich ging.

Es ging wieder einmal um das Loslassen wollen und das nicht können. Das Liegen auf dem Fußboden mit weit ausgebreiteten Armen war mir eine große Hilfe. Der feste Boden unter mir und Licht und Wärme von oben auf den ganzen Körper hat so gut getan. Aber es gab da im oberen Brustbereich eine Stelle, die fest verschlossen war, die sich einfach nicht lösen wollte. Ich hatte den Eindruck, wenn ich da nicht loslassen könnte, würde ich etwas ganz Wichtiges in meinem Leben verpassen. Erklären kann ich das nicht, aber der Gedanke ließ mich nicht mehr los. Und daneben war da eine Angst, wenn sich dies Verschlossene öffnen würde, könnte ich es vielleicht nicht ertragen.

Eigentlich ist das ganz absurd, weil ich ja weiß, dass Gott mich sowieso kennt. Es war jedenfalls ein richtiger Kampf. Und wieder kam da etwas hoch und hat mich durcheinander geschüttelt, wie ich es kürzlich schon erlebt hatte. Daneben war die ganz große

---

[32] 5. Übungsfolge

Sehnsucht, mich wirklich ganz und gar in Gottes Hände fallen lassen zu können. Mir wurde sehr deutlich, dass dieser Zustand unter anderem etwas mit meiner Einstellung zu F[33] zu tun hat. Dann habe ich mir vorgenommen, irgendetwas ganz Praktisches zu tun.

Seit etlichen Jahren gehört es in unserer Gemeinde dazu, dass ich für das Osterfrühstück einen großen Osterzopf backe. In diesem Jahr hatte F mich zum ersten Mal nicht danach gefragt. So habe ich sie vor unserem Gottesdienst an Gründonnerstag gefragt, ob sie diesen Osterzopf von mir braucht oder ob sie schon anderweitig geplant hat. Sie sagte mir, sie bekäme ihn diesmal vom Bäcker. Das war für mich dann auch in Ordnung. Mir ging es ja nicht um das Backen, sondern dasse ich den ersten Schritt auf sie zugehen wollte. Nach dem Gottesdienst kam sie dann noch auf mich zu und sagte mir, dass sie ja eigentlich lieber den Osterzopf von mir gehabt hätte, aber dass sie das andere nicht mehr rückgängig machen könnte. Wir einigten uns darauf, dass ich nicht so einen großen, aber immerhin einen kleinen backen würde. Als ich ihr den am Ostersonnabend ins Gemeindehaus brachte, konnten wir so frei miteinander umgehen wie früher. Ich hatte den Eindruck, die ganz große Erleichterung darüber war nicht nur bei mir -.

Dann geschah mir am gleichen Tag noch etwas Unerwartetes: Ich kam mit einem benachbarten Ehepaar zufällig ins Gespräch. Obwohl wir uns eigentlich kaum kannten, boten sie mir ganz unerwartet eine Hilfe an und sagten mir, dass sie mich gern mal zum Kaffee einladen würden. Die äußeren Anlässe waren gar nicht wichtig, aber ich hatte den Eindruck, Gott wollte mir wirklich etwas Gutes zur Ermutigung tun. Am Abend beim Sitzen in der Stille war dann meine Schale bis oben gefüllt mit klarem Wasser.

---

[33] F steht für eine verantwortliche Mitarbeiterin in der Gemeinde, zu der Gertrud gehörte

Ich konnte es gar nicht fassen, dass alles Schwierige so plötzlich vorbei war. Aber das war auch ein Irrtum. In der Nacht ist dann doch das geschehen, was ich befürchtet hatte: ich musste mir einiges ansehen, was ich lieber nicht sehen wollte. Aber es war dabei so, als würde Gott mich in die Arme nehmen.

Einerseits ist es noch schlimmer, eigene Dunkelheiten auf dem Hintergrund von Gottes Liebe zu sehen, weil der Kontrast noch deutlicher wird. Aber es ist eine Bewahrung vor der Verzweiflung.

Wenn ich jetzt auf dem Boden liege, ist nichts mehr da, was stört. Es tut nur noch weh, wie nach einer Operation. Aber das wird in der Ostersonne sicher wieder heilen.

29.4.2000

Heute fällt es mir nicht leicht, Dir zu schreiben. Ich weiß nicht, ob ich überhaupt erklären kann, was in meiner Stille geschieht.

Meine Bilder haben sich verändert. Das Bild der Schale aus Ton war mir schon so vertraut und ich habe mich gut damit identifizieren können. Vor einigen Tagen war eine andere Schale da, eine sehr kostbare, aus Silber und innen war sie vergoldet. Sie war nicht zum Anfassen, nur zum Ansehen. Es stand ein Bild darinnen, wie eine Ikone. Genau zu erkennen war es nicht, sah aber aus wie ein Christuskopf, ganz hell. Mir fiel die Geschichte vom Berg der Verklärung[34] dazu ein. Ich weiß gar nicht, ob ich mich über das Bild freuen kann, denn ich habe den Eindruck, es passt so gar nicht zu mir. Nachher fiel mir ein, dass diese kostbare Schale mir bekannt vorkam. Vor einigen Wochen war da einmal meine Tonschale, die sich mit Früchten füllte, immer voller und voller, dass sie überlief und ich sie kaum noch halten konnte. Am Ende hatte ich nur einen Haufen Scherben in der Hand. Da kam ein Bild, nur ganz kurz, wie eine Momentaufnahme. Es war ein

---

[34] Matthäus 17, 1-9

Altar, auf dem stand nichts anderes als so eine kostbare Schale, aber ohne Ikone.

Das Bild war gleich wieder weg. Ich wollte es auch gar nicht festhalten. Es kam mir so vor, als wäre es versehentlich dazwischen geraten, weil es so gar nicht zusammenpasste. Und jetzt war also wieder diese Schale da, zum Ansehen. Aber ich weiß nicht, was das bedeutet. -

Heute, während meiner Stille, lag diese Schale in meinen Händen. Sie gehört nicht zu mir wie die Tonschale bisher, sondern ist etwas Anvertrautes, Kostbares, fast wie ein Abendmahlskelch. Und ich verstehe nicht, was das bedeutet. Eigentlich traue ich mich gar nicht darüber zu reden, würde es auch, außer mit Dir, mit niemandem tun. Aber es ist schwer, das allein zu tragen.

Was geschieht denn mit mir? Von Anfang an hatte ich Angst davor, dass mit mir etwas geschehen könnte, was ich nicht verstehe. Aber nun kann ich mich nicht mehr dagegen wehren. -e

Die Geschichte von der Verklärung habe ich noch einmal durchgelesen. Dass Jesus mit seinen Jüngern danach wieder vom Berg herabgestiegen ist in den Alltag, könnte auch für mich eine Beruhigung sein.

Mai 2000

… Nun möchte ich Dir gern schreiben, wie es mir in den vergangenen Wochen ergangen ist.

Wenn ich auf dem Boden liege, ist es so, als würden an jeder Stelle meines Körpers, der den Boden berührt, Wurzeln wachsen. Es ist gut, so verwurzelt zu sein mit der Erde. Zugleich drängt die Oberfläche ganz stark nach oben, als wenn Zweige wachsen wollen bis in den Himmel. Es zieht wiee die Pflanzen im Garten zum Licht.

eHeute war es so, als würde aus mir etwas aufbrechen, wie ein helles, warmes Licht. Es stieg hoch und von oben kam Licht auf mich zu. Beides verband sich und wurde wie eine Straße aus Licht und Wärme bis in den Himmel. Meine Gebete gingen auf dieser Straße nach oben. Von oben führte diese Lichtstraße hinunter zu dem Menschen, für den ich gebetet hatte. Das war eine ganz neue Erfahrung für mich.

Die Ikone von der Höllenfahrt Jesu[35] ist für mich so vertraut geworden. Jetzt ist es manchmal so, als würde sie ein Spiegel sein und die Mandorla ist in mir. Sie füllt mich ganz aus und ist voll Leben und Bewegung. Aber ganz tief in mir gibt es immer noch eine Sperre. Vor einigen Jahren fühlte ich mich manchmal wie ein Stromkabel, so als würde etwas durch mich hindurchgehen von Gott zu einem Menschen. Ich konnte gar nichts dazu tun, was diesen Durchfluss verhindert. Es ist da immer noch eine Verletzung aus meiner Ehe, die so unheimlich tief sitzt und die Angst, dass diese Narbe wieder aufbricht. Aber wenn ich mir die Ikone ansehe, denke ich, dass Jesus doch bis in die tiefste Tiefe hinabgestiegen ist und sie aufbricht, dann müsste er es doch bei mir auch können. Ich wünsche es mir so sehr.

Ich stelle mir vor, dass bei der Kreuzigung die körperlichen Schmerzen gar nicht das Schlimmste gewesen sind für Jesus. Dass die Menschen, für die er bereit war, sich aus Liebe ganz und gar hinzugeben, ihn verspotten und nackt der Öffentlichkeit preisgeben, tut vielleicht noch mehr weh.

Mich beschäftigt die Frage, ob es zur Nachfolge Jesu dazugehört, dass, was Jesus gelitten hat, auch wir durchleben müssen. Oder ob es nicht anders herum ist, dass Jesus alles durchlitten hat, was Menschen erleiden können, damit wir in unserem Leiden nicht allein sind.

Im Augenblick finde ich das sehr tröstlich.

---

[35] Vgl. Anhang: 5. Übungsfolge. Die Ikone ist dort Übungsgrundlage. Als Postkarte ist sie erhältlich beim Verlag Aurel Bongers in Recklinghausen.

24.6.00

Es geht mir so unbeschreiblich gut, dass ich manchmal den Eindruck habe, es zerreißt mich, wenn ich es niemandem sagen kann.

Ich denke, ich habe jetzt meinen eigenen Weg wieder gefunden. Am Anfang unseres Kurses war so vieles neu für mich, ganz aufregend und spannend, bis ich merkte, dass ich das Vertraute aufgegeben hatte. Mir war so, als wäre ich mit Gott per „Sie". Dann habe ich versucht, zweigleisig zu fahren. Die Erfahrung von viel Licht und grüner Kraft war gut, aber inzwischen merke ich, dass mein Glaube ein persönliches Gegenüber braucht, ein Gesicht. Das war mir zeitweilig verlorengegangen. Aber ich denke, dass ich jetzt alles zusammenbringen kann. Das vertraute „Du" ist wieder da und hat durch das Neue eine große Bereicherung erfahren. -

29. Juni 2000

Liebe Gertrud, ich freue mich, dass es Dir so gut geht. Wie gut, dass Licht und Grünkraft das Gesicht Christi tragen. Sein „Du", das mehr ist als alles, wozu wir Du sagen können, ist ja das innerste Geheimnis allen Lichtes und aller Lebenskraft – das Wort, das im Anfang bei Gott war und durch das alles wurde, was ist. Wie sollte diese Kraft weniger sein als wir selbst mit unserem kleinen „Ich bin"? Das „ICH BIN", das Licht, das Brot des Lebens, der gute Hirte oder wie er sich sonst für uns nennt, ist und bleibt ja das „DU", in das hinein alle unsere Bilder und Vorstellungen von ihm sich auflösen. Kennst Du das Auferstehungsbild aus dem Isenheimer Altar von Matthias Grünewald? Da ist dem Künstler gelungen, das unpersönliche Licht der Auferstehung mit dem Gesicht dieses Du zu versehen.

5.7.2000

Zuerst einmal möchte ich Dir danken für Deinen Brief. Es ist erstaunlich: Du gibst mir mit jedem Gespräch und auch mit Deinem Brief immer einen Schlüssel in die Hand, mit dem ich eine Tür öffnen kann.

In den vergangenen Wochen habe ich so intensiv das „Christus in mir" erfahren, dass ich dachte, mehr kann es gar nicht werden. Ich war bis oben hin gefüllt mit Wärme, Licht, Freude und Zärtlichkeit. Gott hat sich ja auch selbst so viel Platz in mir geschaffen, alles, was an altem Gerümpel da war, hinausgeworfen. Ich dachte, mehr geht nun wirklich nicht hinein.

Aber nun geht es doch noch weiter. Jetzt erlebe ich das andere, das: „Ich in Ihm". Damit konnte ich bisher nicht so viel anfangen. Aber nun ist das „Du" begegnet als ein weites Meer, mit Armen, die mich auffangen, in die ich mich hineinfallen lassen kann. Da gibt es endlos Raum zum Wachsen in die Weite und Tiefe. Meine Angst, den Boden unter den Füßen zu verlieren, ist ganz verschwunden, ohne dass ich es bemerkt habe.

Wohin wird das alles noch gehen?

8.7.00

Es geht wirklich immer weiter. Ich möchte Dir gern erklären, was ich erlebe, aber ich weiß nicht, ob ich das so einfach beschreiben kann. Ich denke an Maria. Wenn sie in ihrer Umgebung erzählt hätte, was sie mit dem Engel erlebt hat, wäre sie sicher auf Unverständnis gestoßen. Aber sie konnte zu Elisabeth gehen. Und so geht es mir jetzt mit Dir.

Meine Bilder sind eigentlich keine Bilder mehr, sondern Erlebnisse. Sie sind so real wie mein Alltag. Wenn sie sich dann so allmählich wieder auflösen und ich in den Alltag zurückkomme, ist das gar nicht schwierig. Ich habe auch nicht den Eindruck, als würde ich aus einem Traum aufwachen, sondern es ist das Eine wie das Andere Wirklichkeit, wenn auch auf einer anderen Ebene. Beides verträgt sich durch das Miteinander. Vom Verstand her kann ich das gar nicht erklären, trotzdem habe ich den Eindruck, als würde mir gar nichts Ungewöhnliches geschehen. Ich empfinde mich und das, was ich erlebe, als völlig normal.

Aber es gibt doch auch Augenblicke, in denen mir mein Verstand sagt, dass das doch alles gar nicht wahr sein kann. Darum habe ich den Eindruck, dass ich Dich sehr brauche. Ich möchte, dass Du mich zurückholst, wenn ich wirklich auf einen Holzweg gerate.

Vielleicht klingt das alles sehr verworren, aber ich hoffe sehr, dass Du es trotzdem verstehst.

10.8.00

Vor einem Monat schrieb ich Dir, dass es mir so unbeschreiblich gut ginge. Es war eine Fülle in mir wie in meinem Garten, der so üppig blüht, wie selten zuvor. Wenn es mir so geht, meine ich, es könnte gar nicht wieder anders sein. Aber das ist ja natürlich nicht so.

Heute morgen ging es in den Losungen um 1. Könige 17,14. Das fand ich gerade so passend für mich: Brot und Wasser, wie für Elia, um nicht zu verhungern. Ich finde zwar, dass trockenes Brot ziemlich fade ist, wenn man verwöhnt war mit Sahnetorten. Aber man gewöhnt sich auch wieder daran. Später habe ich festgestellt, dass ich mich im Datum versehen habe, der Text war also gar nicht für heute, aber trotzdem war er für mich dran. Inzwischen denke ich, für richtigen Hunger ist mir doch handfestes Brot lieber als Sahnetorte.

Gestern Abend, als es schon schummerig wurde, saß ich noch in meinem Garten. Es war ganz still und so, als ob sich der ganze Himmel auf die Erde legt und sie mit seinem Segen zudeckt. Es war keine Entfernung mehr zwischen Himmel und Erde und dem, was danach kommt. Vielleicht ist es ein fließender Übergang, weil ja das ewige Leben schon jetzt ist. Das ist für mich ein sehr schöner Gedanke.

Heute habe ich mir zum Abendbrot, wie die Witwe aus Sarepta, aus Mehl, wenig Wasser in etwas Öl ein ganz flaches Fladenbrot gebacken. Wollte es mal probieren. Es schmeckt übrigens sehr lecker!

16.9.00

Wenn ich zurückblicke, denke ich, dass ich mit vielen Menschen der Bibel ein kleines Stück gegangen bin: Der Anfang war wie bei Jesaja. Ich habe ganz fröhlich gesagt: „Ja, ich will"[36] und hatte nicht die Bedenken wie Jeremia[37]. Als ich später in diese Gemeinde kam und die Schwierigkeiten sah, fühlte ich wie Kaleb: „Gib mir dieses Gebirge"[38]. Dann fand ich mich wie Elia unter dem Wacholder wieder. Es kam aber kein Engel, der mich auf einen neuen Weg geschickt hat.[39] Mir schienen alle Wege versperrt. Seit einem Jahr nun ist es Maria. Es ist kein Suchen nach einem Weg mehr, sondern nur noch ein Geschehen lassen. Im Augenblick habe ich weder offene noch verschlossene Wege vor mir, sondern nur noch unendliche Weite in Form von Wasser, auf dem ich gehen kann oder einem frisch gepflügten Acker. Als ich zum ersten Mal an diesem Wasser stand, eine Lichtgestalt vor mir, auf die ich zugehen konnte, fühlte ich mich wie kurz vor einem Ziel. Aber bei dem gepflügten Acker fiel mir Jeremia 4 ein: „Pflügt ein Neues und säet nicht unter die Dornen". Vielleicht geht es ja doch noch weiter. Aber beim Geschehenlassen bleibt es trotzdem. Ich denke, Pflügen und Säen ist nicht mehr meine Sache. Das kann ich im Augenblick wirklich Gott überlassen. Ich habe nur noch den Wunsch, ganz und gar ihm zu gehören, weil es mir dabei so bis in die Tiefe hinein gut geht.

Vom 29. September bis 1. Oktober 2000 nahm Gertrud an einem Wochenendseminar in Goslar-Riechenberg im Gethsemanekloster[40] teil.

---

[36] Jesaja 6,8
[37] Jeremia 1,6
[38] Josua 14,12
[39] 1. Könige 19,4ff.
[40] Evangelisches Gethsemanekloster, Gut Riechenberg 1, 38644 Goslar – www.gethsemanekloster.de. Dort ist auch das Bild der Krypta erhältlich.

Das Wochenende stand unter dem Motto

„MAGNIFICAT anima mea dominum – Meine Seele macht Gott groß".

In der Einladung dazu heißt es:
„Das Niedrige und Erniedrigte in uns darf da sein. Gott sieht uns in Liebe an. Was bisher (noch) nicht wachsen durfte, bekommt Raum, sich zu entfalten. Wie der in die Erde gesetzte Same in Regen und Sonne heranwächst, wirkt Gottes Blick ein neues Ansehen.

Aus diesem Wurzelgrund wächst der Lobpreis: Das herzliche Ja zum Leben, die Freude an der belebenden Kraft Gottes. So wird Gott groß – auch in uns.

In meditativen Übungen wollen wir mit allen Sinnen dem Lobpreis der Maria nachspüren."

Besonders eindrucksvoll war auch für Gertrud die romanische Krypta in der Ruine der Klosterkirche. Diese Erfahrung wirkt in den folgenden Briefen nach und taucht seither immer wieder einmal als Symbol auf.

2.10.00

Nun hast Du wieder einmal bei mir eine Lawine ins Rollen gebracht mit dem Satz vom Kloster in mir.

Früher war es für mich eine unheimliche Vorstellung, dass es in meinem Unterbewusstsein eine Dunkelzone gibt, auf die ich keinen Einfluss habe. Vor einigen Monaten ist ja einmal in der Stille aus dieser dunklen Tiefe etwas Schreckliches, Unheimliches hochgekommen, ein unheimliches Wesen, das mir so große Angst gemacht hat. Nach diesem Erlebnis hatte ich den Eindruck, dass das Dunkle in meiner Tiefe weg war, es war dann wie ein leerer Kellerraum, hell und sauber gefegt. Danach kam mir manchmal die Frage, wozu so ein leerer Kellerraum denn wohl gut ist. Und einmal kam mir der schreckliche Gedanke, mir könnte das passieren, was bei Mt 12,43[41] steht. Aber seit gestern ist dieser Raum plötzlich gar nicht mehr leer, sondern eine wunderschöne Krypta. Also wirklich ein Kloster in mir, in das ich mich ganz schnell einmal zurückziehen kann ohne lange Anreise und ohne Anmeldung, ganz gleich, wo ich bin, auch wenn es nur für einen Augenblick ist. Und das beste ist, dass Gott immer schon da ist und auf mich wartet. Vielleicht war es schon lange so, und ich habe es nur noch nicht gewusst.

Nun habe ich also wirklich mein eigenes Kloster in mir, aber ich denke, ich komme trotzdem wieder nach Riechenberg. Da gibt es so viel Schönes. Aber eines war noch ganz besonders für mich: Am Sonntag vor der Kirchenruine hast Du gesagt, wir sollten uns einen Platz suchen, wo es für uns stimmt. Ich bin zu „meiner"

---

[41] Im Gleichnis spricht Jesus von der Rückkehr destruktiver Dämonen in ein Haus, aus dem sie vertrieben wurden, nachdem das Haus „leer, gekehrt und geschmückt" ist.

Kiefer gegangen, die nahe bei der Ruine etwas versteckt steht. Sie ist sehr alt, steht wie ein Fels im Boden. Die Zweige laden ganz weit aus und reichen bis zur Erde. Darunter stehen im Kreis herum abgesägte Baumstümpfe zum Sitzen. Die Äste sind zum Teil schon abgestorben und kahl, aber sie sind noch da. Einige leben noch und tragen noch Früchte. Diese Kiefer war mir gleich so vertraut. Sie steht einfach nur da. Was an ihr nicht mehr voller Leben ist, darf trotzdem noch da sein. Es gibt in ihrer Nähe Platz zum Ausruhen für den, der es möchte. Aber wenn keiner kommt, ist es auch gut. In Riechenberg gibt es viele prächtige Bäume. Es gab eine Zeit, und das ist noch gar nicht so lange her, da hatte ich mir gewünscht, einmal ein starker Baum zu werden, aber in dieser Kiefer gibt es viel kleines, unscheinbares Leben, das hüpft und piepst und sich gerade da wohlfühlt. Im Augenblick identifiziere ich mich gern mit dieser Kiefer.

3.10.00

Ich kann es kaum fassen, aber dieses dauernde Auf und Ab von Höhen und Tiefen scheint für mich ein Dauerzustand zu sein. In meinem Briefkasten fand ich eine Traueranzeige. Es geht um eine Frau, die mit der Dunkelheit in meiner Ehe zu tun hatte. Das ist alles so lange her und für mich schien das alles schon fast nicht mehr wahr zu sein. Und nun wühlt das alles plötzlich wieder auf. Es kommen Gedanken hoch, die ich nicht denken will. Sie umkreisen meinen Kopf und ich habe Mühe, sie zu vertreiben, damit sie sich nicht festsetzen. Ist es doch Wirklichkeit, was bei Mt12 steht? Ich bin nur froh, dass der Raum tief in mir nun nicht mehr frei ist, sondern besetzt von jemanden, der stärker ist als alle anderen Mächte. Daran klammere ich mich fest, und doch bleibt die Frage: Wird dieser Kampf denn nie aufhören?

27.10.00

... nun möchte ich Dir doch gern schreiben. Ich hatte es mir lange überlegt. Mir kamen meine Gedanken und Erlebnisse selbst so abwegig vor, dass ich sie selbst Dir nicht schreiben mochte. Das war für mich sehr traurig. Inzwischen habe ich das Buch von Olav Hanssen „Das Schönste liegt noch vor uns"[42] gelesen, das ich mir aus Riechenberg mitgebracht habe. Jetzt habe ich den Eindruck, dass das, was ich erlebe, doch gar nicht so abwegig ist.

Ab und zu ist noch manchmal das Bild da von der Lichtgestalt am Horizont mit dem großen Wasser, das mich davon trennt. Aber wichtiger war mir mein „Kloster in mir". Kürzlich hatten wir eine sehr engagierte Diskussion in einer kleinen Gruppe. Mittendrin war in mir wieder der helle Raum, in dem es so still war wie in einer Kirche. Das ist so beruhigend. Aber vor einigen Tagen wurde dieser Raum so groß, dass er mich ganz ausfüllte. Es war für nichts anderes mehr Platz. Er öffnete sich nach vorn und da war wieder diese Lichtgestalt, aber diesmal ganz nah, ohne das trennende Wasser. Beide Bilder flossen ineinander zu einem. Es war so unbeschreiblich. Ich hatte den Eindruck, es würde mich zerreißen. Aber das ganze ging dann auch bald wieder in meinen Alltag über, so wie es aus dem Alltag gekommen ist. Ich glaube, sonst könnte ich es auch allein nicht ertragen. Aber nachher fühlt sich mein Alltag anders an als vorher.

Ich weiß selbst nicht, warum es so ist, aber jetzt, wo ich Dir wieder geschrieben habe, fühle ich mich viel leichter.

---

[42] Das Buch enthält Ansprachen, die der Gründer und Prior des Evangelischen Gethsemaneklosters in Goslar Riechenberg, Dr. Olav Hanssen (verstorben 2005), im Rahmen der Tagzeitengebete des Klosters gehalten hat.
Olav Hanssen, Das Schönste liegt noch vor uns. Einkehr und Ausblick im Jahreskreis, Herausgegeben von Brigitte Theophila Schur mit einem Geleitwort von Immanuel Jungclaussen, Vandenhoeck & Rupprecht, Göttingen 1995

29.10.

Es macht mir so viel Schwierigkeiten, mit meinen Höhen und Tiefen fertig zu werden, auch habe ich den Eindruck, dass es immer schlimmer wird. Ich erlebe die Höhepunkte immer intensiver und falle dann um so tiefer. Ich weiß nicht, woher meine dunklen Gedanken kommen, sie sind völlig unbegründet und doch kann ich mich nicht dagegen wehren. Es ging mir in Riechenberg so und jetzt ist es wieder so. Ich bin verzweifelt über mich und kann es doch nicht ändern. Bin ich denn wie ein Acker, der sich nicht dagegen wehren kann, wenn jemand Unkraut zwischen dem Weizen sät? Ich fühle mich so, als würde mich jemand nach der einen Seite ziehen und jemand anders zieht nach der anderen. Ganz tief drinnen weiß ich ja, wer am Ende Sieger bleiben wird, aber trotzdem sind die Zerreißproben schrecklich.

1.11.00

... nun hat bei mir doch die Dunkelheit die Oberhand gewonnen. In mir ist alles leer und im Kopf ist es so dunkel. Es kommen Gedanken, von denen ich meine, dass es gar nicht meine Gedanken sind. Sie reden mir ein, dass alles, was ich im vergangenen Jahr erlebt habe, nur Einbildung war. Ich kann mich nicht mehr dagegen wehren. Im Augenblick fühle ich mir wie Hiob. Ich stehe vor einem unbegreiflichen Gott, der es zulässt, dass mir aller Reichtum genommen wird. -

Aber wenn ich mir überlege, wie ich denn nun weiterleben kann, denke ich, dass ich doch noch lieber mit dem unbegreiflichen Gott leben möchte, obwohl er mir im Augenblick schrecklich vorkommt, als ganz ohne ihn. Denn manchmal ist da noch eine leise Erinnerung an einen Reisesegen in Breklum vor einigen Jahren: „Gott sagt zu dir: ich will dich niemals verlassen und mit dir gehen durch alle deine Dunkelheiten". Und dann spüre ich noch Deine Hände auf meinem Kopf. Danke dafür.

15.11.00

... ich möchte Dir nur gern sagen, dass es mir wieder besser geht. Zwar ist die Dunkelheit nicht ganz verschwunden, aber ich empfinde sie auch nicht mehr bedrohlich, so dass ich mich dagegen wehren müsste, sondern eher als ein Teil von mir selbst. Die ganz große Freude ist nicht mehr da, auch gibt es keine Bilder mehr. Aber ich vermisse beides nicht, denn etwas ist anders geworden:

Das, was in den Bildern manchmal in der Ferne aufgetaucht war, ist jetzt so ganz nahe, nicht als Bild, sondern wirklich und ständig. Wenn ich nur für einen Moment die Augen schließe, spüre ich, dass es mich und meine Dunkelheit ganz und gar umschließt. Es ist bis in die Tiefe hinein still und gut.

21.12.00

Mit einem Weihnachtsgruß des Gemeindedienstes und wenigen Zeilen habe ich Gertrud das Gedicht von Christine Busta geschickt:

Der Traum von den drei Engeln[43]

Der letzte Engel war der schönste:
Olivenlaub schien sein Gewand,
und sein Gesicht glich einem Falter,
auf dem der Trauer ewiges Alter
als große, schwarze Flamme stand.

Den ersten Engel wollte ich nicht lassen,
den zweiten wagte ich nicht anzufassen,
da nahm der dritte sanft mich bei der Hand.

---

[43] aus: Ich bin so vielfach in den Nächten, Traumgedichte, herausgegeben von Magdalena Rüetschi und Peter Wild, Pendo-Verlag Zürich 1999, S.173

Seither kann ich die andern nicht beschreiben.
Ich frag auch nicht: „Wird dieser letzte bleiben?"
Ich gehe nur und weiß: ich bin erkannt.

25.12.00

danke für Deinen Weihnachtsgruß und die drei Engel.

Ich wünsche mir, malen zu können, meine drei Engel. Der erste brachte mir die Bilder viele Jahre hindurch, die mir allein gehörten und die mich begleitet haben und dann das große Glück für mich, dass ich sie Dir schenken durfte.

Der zweite brachte die Bilder vom vergangenen Jahr, die ich mit Dir teilen durfte und die mein Leben so sehr durcheinander geschüttelt haben.

Der dritte sieht nun wieder ganz anders aus. Er ist dunkel, aber nicht finster. Er legt einen Schleier über mein Leben. Ich kann auch zu ihm ja sagen, obwohl er mir doch ein bisschen fremd ist. Denn manchmal ist da in mir noch eine große Sehnsucht nach Leben, nach menschlicher Nähe. Aber dieser Engel deckt die Sehnsucht sowie das Gefühl von Einsamkeit barmherzig wie mit einem Schleier zu: Allerdings legt er sich auch wie ein Schleier über die Freude. Eigentlich habe ich viel Grund zur Freude, aber im Augenblick erlebe ich sie wie unter diesem dunklen Schleier.

Ich erinnere mich noch sehr deutlich an ein Weihnachten vor vielen Jahren: Ich fühlte mich wie in einem stockdunklen Keller eingeschlossen. Mir kam alles hoffnungslos vor. Aber dann sah ich durch einen Türspalt, dass draußen die Sonne schien und plötzlich stellte ich fest, dass die Tür gar nicht verschlossen war. Ich konnte sie ganz leicht öffnen und stand plötzlich ganz im Licht. Das war ein wunderbares Weihnachtserlebnis!

Aber Weihnachten ist ja doch wohl immer wieder ein Geschenk, das man nicht machen kann. Vielleicht bleibt ja mein dritter Engel auch nicht für immer und es kommt noch einmal ein Keller.

Aber auch jetzt scheinen mir die dunklen Erlebnisse nicht schrecklich zu sein: Zu Beginn der Meditation habe ich mich dagegen gewehrt abzuheben. Ich wollte ganz fest mit der Erde verbunden bleiben. Ich liege gern auf dem Boden und spüre, ganz tief mit dem Boden verwurzelt zu sein. Ich muss auch gar nicht nach oben abheben, sondern es ist, als ob die Kräfte des Himmels sich auf mich legen und durch mich hindurchgehen. Es gibt gar keine Grenze zwischen Himmel und Erde. Einmal kam mir der Gedanke, dass ich ja eines Tages nicht nur auf der Erde liegen werde, sondern in der Erde. Der Gedanke war auch gar nicht erschreckend, weil auch dann ja der Himmel mir ganz nah sein wird.

Das sind so gar keine weihnachtlichen Gedanken. Ich würde sie auch sonst niemandem sagen. Aber sie kommen nun einmal und ich bin froh, dass ich sie Dir sagen darf, weil Du sie verstehst.

31.12.2000

Es ist der letzte Tag des Jahres. Da mag ich gern noch einmal zurück sehen auf das, was ich erlebt habe und ich möchte es gern mit Dir gemeinsam tun.

Es ist so vieles geschehen, wie selten in einem Jahr zuvor. Es gab viel Höhen und Tiefen. Ich fühle mich wie ein umgepflügter Acker. Nichts scheint mehr so zu sein wie vorher. Es hat lange gedauert, bis ich meinen Weg für mich gefunden habe. Inzwischen hatte ich manchmal gedacht, mir wäre manches verlorengegangen, was mir bisher so selbstverständlich zugefallen war, aber jetzt ist es gut so. Im Augenblick liegt allerdings noch der dunkle Schleier über mir.

Weihnachten ist vorbei. Das Zusammensein mit allen Kindern und Enkeln war wunderschön, völlig ohne Missstimmungen, ein wirkliches Geschenk. Und doch ging es mir wie so oft, auch wenn ich mit Menschen zusammen bin, die ich sehr gern habe, dass da ein Gefühl von Einsamkeit ist. Gerade zu Weihnachten hat es mir sonst geholfen, allein noch einmal zum Mitternachts-gottesdienst zu gehen. Aber jetzt finde ich auch in unserer Kirche nicht mehr das, was ich suche. Und meine Krypta in mir steht mir auch nicht immer zur Verfügung. In dem Auferstehungsbild vom Isenheimer Altar hat Grünewald auf einem Bild so deutlich zwei verschiedene Welten gemalt. Manchmal habe ich auch den Eindruck, in zwei verschiedenen Welten zu leben, ganz mit dieser Erde verbunden und doch auch ein bisschen mit der anderen. Manchmal bringe ich das nicht zusammen und möchte so gern irgendwo zu Hause sein. Das klingt vielleicht sehr traurig, aber mir ist nun doch etwas sehr Schönes passiert:

Als ich mir meinen Losungskalender kaufen wollte, fiel mir zufällig eine Karte in die Hände: „Gott Vater" vom Isenheimer Altar von Grünewald. Da war mir plötzlich meine allererste Begegnung mit Gott vor 30 Jahren wieder ganz nahe. Es war dasselbe Licht, es waren dieselben Augen, die mich angesehen haben und dieselben Hände, die mich damals aufgehoben haben. Diese Begegnung hatte ich zwar nie vergessen, aber durch die vielen anderen Bilder im vergangenen Jahr ist mir das doch in den Hintergrund gerückt.

Nun ist das alles wieder ganz nah und alle anderen Bilder lassen sich damit überhaupt nicht vergleichen. Alles ist wieder so lebendig wie am Anfang und doch ist etwas anders geworden:

Das Bild ist nicht mehr so in unerreichbarer Ferne wie am Anfang, sondern ganz nah, so als könnte ich das Licht auf meiner Haut fühlen. Die Fähigkeit, das so zu empfinden, ist sicher ein Ergebnis der Meditationsvorbereitung. Und das möchte ich nicht mehr missen.

Wenn auch unser äußerer Mensch verfällt, so wird doch der innere von Tag zu Tag erneuert – Briefe Januar 2001 bis Mai 2005

Die folgenden Briefe sind nach ihrem Unfall, der sie rechtsseitig erheblich behinderte, Anfang Januar 2001 in großen Druckbuchstaben geschrieben. Die ersten Zeilen danach finden sich auf einer Doppelkarte, die vorn ein Bild trägt von Paul Klee mit der Unterschrift „1939 MN13 Engel noch tastend".

19.1.01

Mein vierter heller Engel tastet sich behutsam mit der linken Hand durch viele Schmerzen in ein neues Leben mit unbeschreiblichen Erfahrungen.

31.1.01

Heute ist ein ganz besonderer Tag: ich habe es geschafft, mir eine Kerze anzuzünden! Zum ersten Mal wieder still vor einer Kerze zu sitzen, das ist fast wie Weihnachten, ein Stück Hoffnung. Das ist schön.

2.3.01

Als ich in der vergangenen Nacht wach lag, bin ich auf die Suche gegangen nach meinem hellen Engel. Er war so lange schon nicht mehr da. Ich habe ihn gefunden. Er saß ganz verstört in einer dunklen Ecke. Er berührte ganz behutsam meine Fingerspitzen. Diese Berührung war gar nicht mehr so schrecklich unangenehm, sondern eher so, als ob wieder ein bisschen Leben drinnen ist. Das muss ich Dir nun ganz schnell schreiben, weil ich glaube, dass mir dann das kleine Fünkchen Hoffnung nicht so schnell wieder verloren gehen kann.

22.3.01

Wenn ich könnte, hätte ich Dir sicher kürzlich einen langen Brief geschrieben, weil ich etwas sehr Schönes erlebt habe. Im Nachhinein denke ich, es war eine Wegzehrung für die Dunkelheit, die danach kam. Aber auch jetzt gibt es immer einmal wieder kurze Lichtblicke. Es kommt mir so vor, als lebe ich in zwei Welten und weiß nicht, wo ich eigentlich zu Hause bin.

26.4.01

Ich muss Dir schnell noch einmal danke sagen für Deine Hilfe.

Als mir durch unser Gespräch klar wurde, dass mir ja gar nichts Ungewöhnliches geschieht, verlor das, was ich erlebt habe, viel von seinem Schrecklichen. Es hat sogar schon etwas Tröstliches. Am Himmel des Ostermorgens wird es schon ein kleines bisschen hell.

Ich fand gerade diese Karte wieder. Sie stammt aus der Zeit, als ich noch Beauftragte für ehrenamtliche MitarbeiterInnen war. Jetzt könnte sie für mich sein.

Dem Brief beigefügt ist eine Karte (Photographie, Gegenlichtaufnahme), die ein aus einem Wald herausragendes Kreuz zeigt. Hinter dem dunklen Vordergrund mit Wald und Kreuz reißt offenbar eine Wolkendecke auf und ein Regenbogen steigt über den linken Rand des Kreuzes auf. Die Karte ist aufgeklebt auf einen Brief, der nicht datiert ist:

Liebe Mitarbeiterinnen und Mitarbeiter unserer Gemeinde!
Mit diesem Foto möchte ich Sie herzlich grüßen und Ihnen ein fröhliches Osterfest wünschen.
Vielleicht erscheint Ihnen dieses Bild zu dunkel und so gar nicht fröhlich. Aber bei längerem Betrachten erschien es mir doch sehr verheißungsvoll.

Im Dunkel unserer Welt und unseres eigenen Lebens ragt das Kreuz in den Himmel als Zeichen, dass Jesus auch mitten in unserer Dunkelheit bei uns steht.

Und dahinter der helle Regenbogen als Verheißung, dass die Dunkelheit nicht das Letzte ist.

Mir scheint der Regenbogen nicht wie ein stilles Licht zu sein, das für eine Weile das Dunkel zudeckt und dann schnell wieder vergeht, sondern es sieht so aus, als würde das Licht aus der Dunkelheit mit Macht hervorbrechen. Es könnte ein Zeichen von Auferstehung sein, denn Jesus hat gesagt: „Ich bin das Licht der Welt". Darum könnte es auch ein Hoffnungsschimmer für uns sein, eine Ermutigung, ein Aufstehen, auch ein Neuanfang für unser persönliches Leben und für unsere Gemeinde. So könnte aus diesem Hoffnungsschimmer allmählich für uns eine ganz große (Oster-)Freude werden.

Das wünsche ich uns allen!
Ihre Gertrud

9.6.01

Seit Tagen fühle ich mich wie in Ps. 22,15+16, auf die Erde geschüttet wie eine Schüssel voll schmutzigem Wasser. Aber für mich gibt es auch in dem Schrecklichen noch einen Trost: es ist Gott selbst, der es tut.

Und jetzt kommt da ganz leise ein Gedanke hoch: Wenn es nun das Wasser war, mit dem Jesus seinen Jüngern die müden Füße erfrischt hat? Das wäre im Nachhinein ein tröstlicher Gedanke.

19.6.01

Mich treibt eine Frage um: Seit einiger Zeit erlebe ich Gott als dunkel, aber nicht bedrohlich. In unserem Bibelhauskreis kamen wir im Gespräch darauf, dass Gott gar nicht immer so ist, wie wir ihn uns vorstellen. Als ich sagte, dass ich Gott im Augenblick als dunkel erlebe, gab es allgemeinen Protest. Gott kann gar nicht dunkel sein, sondern die Dunkelheit liegt nur in mir. Für mich ist es ein schrecklicher Gedanke, dass es in mir so dunkel sein könnte, dass ich damit Gottes Helligkeit zudecke. Ich sehe es eher so, wie eine Mutter, die in sehr tiefer Trauer lebt und ganz in schwarz gekleidet ist. Sie hat ihr Kind an der Hand. Dann erlebt dies Kind die Trauer mit, ist aber trotzdem ganz geborgen, weil es ja die gleiche Hand der Mutter ist, die es hält in Dunkelheit oder Freude. Im Augenblick empfinde ich meine Situation so.

Ist das wirklich so abwegig?

10.7.01

Ich war am Sonntag zum ersten Mal nach 6 Monaten wieder im Gottesdienst. Und am vergangenen Sonnabend war ich mit meiner A[44] bei meinem Sohn C zum Geburtstag. Riesenfortschritte also auf dem Weg in die „Normalität". Ich habe es genossen, wieder einmal im Kreis meiner großen Familie zu sein und das kleine Haus anzusehen, das C sich gekauft hat und nun zu seinem Traumhaus umbaut. Es war schön, wieder einmal „mitten im Leben" zu sein. Aber trotzdem ist es mir ganz deutlich, dass ich gar nicht mittendrin, sondern nur noch Zuschauer bin. Das klingt vielleicht traurig, ist es aber nicht. Ich darf genießen, bin aber nicht verantwortlich, darf lassen, was ich nicht mehr kann, das ist schön. Dass alle das auch behutsam und ohne viele Worte akzeptieren, ist ein großes Geschenk, für das ich sehr dankbar bin. Als ich am Abend wieder zu Hause war, kam es mir so vor, als käme ich von einem schönen Ausflug in ein anderes Leben zurück. Mein „wirkliches Leben" ist das aber nicht mehr. -

---

[44] A und B verwende ich als Buchstaben für die beiden Töchter, C für den Sohn.

Mein Haus hat jetzt ein neues Dach und ist sehr schön geworden. Aber als das Gerüst um das Haus herum abgebaut war, sah ich, dass die Beete doch sehr verwüstet waren, viele Blumen zertrampelt und zerstört. Das war ein Schock. Ich mochte das gar nicht ansehen, denn ich hatte den Eindruck, dass es ein Abbild von meinem eigenen Körper war: zerstört, was vorher noch geblüht hat. Ich habe das meiner B so erzählt. Daraufhin hat sie die Beete neu hergerichtet, das Zerstörte herausgerissen und Neues gepflanzt, obwohl sie sonst sehr behutsam darauf achtet, mir keine Arbeit wegzunehmen, wenn ich sie nicht ausdrücklich darum bitte. Nun wächst also etwas Neues auf diesen Beeten und ich mag sie wieder ansehen. Und doch ist auch da etwas anders geworden: Es blüht etwas in meinem Garten, was ich nicht gepflanzt habe. Auch ein Stück loslassen. Aber eigentlich tut auch das nicht weh, sondern ist tröstlich. Auch das ist ein Loslassen dürfen und kein Loslassen müssen. Es ist für mich gut zu sehen, dass B Freude am Garten und am Haus hat, das ihr ja doch wohl in absehbarer Zeit gehören wird. So ist auch das ein allmählicher Übergang. -

Ich war heute bei einer Beerdigung. ... und was daran köstlich scheint, ist doch nur vergebliche Mühe. Wie wahr das doch ist. Als ich vor ca. 30 Jahren begriffen hatte, was es heißt, mit Gott zu leben, schien mir alles, was vorher war, irgendwie am Leben vorbei gewesen zu sein. Beim Einsatz für die Haushalterschaft, den Gemeindedienst und die Gemeinden hielt ich dies für das wirklich Wichtige. Und jetzt in meinem „dritten Lebensabschnitt" sehe ich , dass von allem Tun nur eine Schüssel schmutzigen Wassers nach bleibt, das ausgeschüttet ist, weil es nichts mehr wert ist. Ob ich nun wohl das wirklich Wichtige gefunden habe? Oder ob ich eines Tages erleben werde, dass alles doch noch wieder ganz anders ist?

Ich wünsche Dir eine schöne Urlaubszeit, in der Du nichts wichtigeres mehr zu tun hast, als Dich von Gott lieben zu lassen.

22. August 2001

Ich freue mich mit Dir, dass solche Schritte in ein „normales" Leben wieder möglich geworden sind wie der Gottesdienst-Besuch oder der Besuch bei Deinem Sohn.

Vielleicht gehört das jetzt zu dem „Normalen" Deines Lebens, dass Du in all dem nicht mehr zu Hause bist; ja, Dir selbst Dein Garten, selbst Dein Körper zwar noch Geborgenheit und Schutz bieten, Du aber auch da ein Stückchen Fremdsein erlebst. Könnte es sein, dass das alles Vorbereitung ist darauf, dass Du nur noch in der Liebe Gottes zu Hause und verwurzelt bist? Das ist wohl die eigenartige Spannung zwischen dem Erstaunen über das Fremdwerden in diesem Leben und dem Einverstandensein damit: Du hältst es nur aus, weil tief in Dir das Wissen und die Erfahrung dieser dunkel-lichten Liebe Gottes Dir Heimat und bleibende Geborgenheit gibt.

Üben wir uns weiter, nichts Wichtigeres zu tun zu haben, als uns von Gott lieben zu lassen – Du auf deinem Weg im vertraut-fremden Alltag und ich in meinem Urlaub und später wieder bei der Arbeit.

19.8.01

Dein Brief hat mich gerade zur richtigen Zeit erreicht. Ich war eine Woche auf Rügen. Meine Tochter A hatte für sich und ihre jüngste Tochter eine Ferienwohnung auf einem Bauernhof
in Wiek auf Rügen gemietet. Sie hat mich überredet mitzukommen, damit ich mal wieder etwas anderes erlebe als meine vier Wände.

Für mich war das ein Experiment. Die liebevolle Rücksichtsnahme meiner kleinen D[45] und die Fürsorge meiner Tochter habe ich sehr genossen, trotzdem waren die Tage eine Überforderung für mich. Ich habe gemerkt, wie wenig ich meinem Körper zumuten kann, aber wie wenig mir z.B. ein Bummel über die Kurpromenade in Binz bedeutet. Zu Hause spüre ich das nicht ganz so

---

[45] D steht für Enkeltochter

sehr. Als ich wieder zu Hause war, war ich einerseits erleichtert, aber dafür war ich nun auch wieder allein. Da fand ich Deinen Brief im Briefkasten. Er hatte schon eine Woche da gelegen. Und nun war ich wieder richtig zu Hause und es geht mir gut.

Was Du schreibst vom Fremdsein hier und dem Zuhause sein in Gottes Liebe ist ja so wahr. Seit meinem Unfall, als ich direkt in Gottes Arme gefallen bin, weiß ich, wo ich zu Hause bin und wäre ja auch gern dort geblieben. Aber meine Zeit ist hier noch nicht abgelaufen und ich kann jetzt auch dazu wieder ja sagen. Aber ich weiß doch jetzt, wo ich wirklich zu Hause bin. Das wird sich hoffentlich auch nicht mehr ändern. Jedenfalls möchte ich es nicht mehr vergessen.

Wenn der Alltag wieder einmal so sehr mühselig wird, rückt der Gedanke daran wohl schon mal ein bisschen in den Hintergrund. Aber Dein Brief hat das alles wieder ganz hell und deutlich gemacht. -

(Beim Schreiben bin ich eben selbst über das Wort „mühselig" gestolpert. Was ist daran eigentlich selig? Vielleicht müsste ich mal darüber nachdenken.)

Seit vielen Jahren hatte mich immer mal wieder ein Traum belastet: Ich wollte nach Hause und Menschen haben mir den Weg versperrt. Oder ich wollte nach Hause und fand den Weg nicht, konnte auch niemanden fragen, weil ich die Adresse selbst nicht wusste. Der letzte dieser Träume endete damit, dass der Weg plötzlich zu Ende war und ich am Meer stand. Der Rückweg war versperrt, aber das war für mich nicht beängstigend, weil ich gern am Meer bin. Als Du mir vom zu Hause sein geschrieben hast, fiel mir ein, dass diese Träume jetzt lange nicht mehr gekommen sind. Vielleicht habe ich erst jetzt mein wirkliches Zuhause gefunden und muss nun nicht mehr suchen. Diese Erfahrung habe ich teuer bezahlen müssen, aber ich denke, es ist nicht zu teuer.

Es ist für mich ein schöner Gedanke, dass wir gemeinsam an der gleichen Lektion üben. Ich denke, es lohnt sich!

26.8.01

Ich möchte Dir gern erzählen, was ich erlebt habe und weiß doch nicht, ob es Worte dafür gibt. Aber versuchen will ich es trotzdem:

Vor einigen Tagen lag ich auf meinem Bett und war so verzweifelt, konnte nur noch sagen: ich halte es nicht mehr aus. Da war es so, als wenn Jesus neben mir liegt mit den gleichen Schmerzen. Um uns herum breitete sich etwas aus wie ein geschützter Raum. Meine Schmerzen sind nicht weg, aber sie sind anders geworden. Ich kann nicht sagen, dass es schön war, aber bis in die Tiefe hinein gut, so etwas Heilendes. -

Jetzt sind die Schmerzen in meinen Händen nicht mehr nur schrecklich, sondern bei ganz leiser Berührung ist da eine Sensibilität, die ich früher nicht gespürt habe. Eigentlich ist es in meinem ganzen Körper so, eine ganz besondere Sensibilität, so dass ich Dinge spüre, die ich früher nicht gespürt habe. Z.B. habe ich mich schon früher immer an der Zusage Jesu festgehalten, dass er bei uns sein will. Dass man das auch körperlich spüren kann, habe ich mir bisher nicht vorstellen können. Jetzt habe ich es erlebt. Vielleicht gibt es ja viele Dinge ganz real, die wir nur nicht spüren, weil wir die Sensibilität dafür verloren haben. Aber ich bin doch froh, dass mich vorher niemand gefragt hat, ob ich bereit bin, den Preis dafür zu bezahlen, nun dahin zu kommen, wo ich jetzt bin. Freiwillig könnte ich es nicht. Nun ist es so und mir bleibt nichts anderes übrig, als weiter zu leben. Manchmal habe ich Angst vor dem, was da noch alles auf mich zukommen kann. -

8.9.01

Seit einigen Tagen habe ich wieder versucht, in der Stille zu sitzen. Ich bin froh, dass ich es schon für eine kurze Zeit aushalte. Dafür habe ich mir die Auferstehungsikone aus Deinem Buch aufgestellt. Aber sie ist mir so fremd geworden, obwohl sie mir einmal so vertraut war. Ich wünsche mir Jesus so, aber ich erlebe ihn nicht so, sondern als den Leidenden, Gekreuzigten, Mitleidenden. Ich wünsche ihn mir als den Lebendigen, der auch mich wieder herausholt aus meiner Dunkelheit. Wenn ich mir die Ikone jetzt ansehe und überlege, mit wem ich mich identifizieren könnte, so finde ich niemanden. Eher sehe ich mich noch unten im Dunkeln. Ich bin zwar da auch nicht allein und nicht vergessen. Aber ich möchte gern wieder im Hellen bei den Lebenden sein. Nun will ich aber diese Ikone stehen lassen, auch wenn es nicht meiner augenblicklichen Wirklichkeit entspricht.

Du hast in Deinem Buch geschrieben, dass das Bild, wenn wir es ansehen, uns ansieht und uns verändern kann. Vielleicht hilft es auch mir. Das wäre schön.

25.9.01
Heute habe ich nur lauter schöne Dinge zu erzählen.

Dein Rat, meine Hände zu streicheln, ist ein wirkliches Wundermittel. Ich habe es ausprobiert und nach einer Weile verwandelte sich die Kälte und Starre in meinen Händen in eine unbeschreibliche Zärtlichkeit und Wärme und wurde so stark, als könnte man damit die Kälte in der Welt auftauen. Ich weiß, das ist wieder einmal so ein völlig verrückter Gedanke, den ich auch nur Dir sagen kann. Aber diese Gedanken kommen nun mal und ich kann sie nicht verhindern. Seit gestern Abend ist mir der Gedanke auch gar nicht mehr so absurd, da habe ich etwas sehr Schönes erlebt:

Seit einigen Jahren haben wir einmal im Monat in unserem Gemeindehaus einen meditativen Tanz-Abend .... Seit 9 Monaten konnte ich nicht mehr dabei sein. Aber gestern habe ich es wieder einmal versucht, obwohl ich eigentlich selbst nicht daran geglaubt habe, dass ich es durchhalten würde. Und es ging tatsächlich! Das Tanzen und die Gemeinschaft in einer Atmosphäre wie bei den Einkehrtagen hat mir unbeschreiblich gut getan. Am Schluss, als wir zum Segen im Kreis in der Stille zusammen standen, sagte Pastor N: „Und jetzt legen wir den Frieden, der uns verbindet, um unsere ganze zerrissene Welt". Da fiel es mir gar nicht schwer, in solchen Dimensionen zu denken.

Wir waren kürzlich in unserem Hauskreis an einem Satz in der Bibel hängen geblieben: „Alles was mein ist, ist dein."[46] Wenn Gott das auch zu uns sagt, was würde das dann für mich im Alltag bedeuten? Wenn wir nun nicht nur von Gottes Fülle nehmen dürfen, sondern sogar sollen, um es in Fülle weiterzugeben, und wenn wir das dann auch tatsächlich tun, müsste es doch wirklich wieder wärmer werden in unserer Welt. Ich wünsche mir so sehr, dass ich es könnte. Frau N hat gestern ein Gedicht vorgelesen, im dem es darum ging, dass Gott, wenn er Neues schafft, zuvor das Alte zerschlägt und wenn wir den Morgen sehen wollen, wir zuvor die Nacht durchleben müssen. Seitdem habe ich wieder ein bisschen Hoffnung, dass es nach dem Schrecklichen in der Welt, das wir jetzt erleben, nicht einfach so weiter geht wie bisher, sondern dass tatsächlich etwas Neues anfangen wird.

Nun wünsche ich Euch eine gesegnete Zeit in Riechenberg. Der schöne Park und die schönen Räume sind mir noch sehr gegenwärtig. Ich denke, es wird mir auch nicht mehr so schwer sein, dass ich nicht dabei sein kann.

Seit ich gestern gesehen habe, wie leicht mir das meditative Tanzen gefallen ist, habe ich wieder ein kleines bisschen Hoffnung, irgendwann irgendwo doch noch mal wieder dabei zu sein.

Ich habe mir das Bild von der Krypta in Riechenberg wieder aufgestellt, um am Wochenende noch ein bisschen näher dabei zu sein.

---

[46] Lukas 15,31

7.11.01

Meine Hände machen mir immer noch große Schwierigkeiten. Es ist in ihnen ein Chaos, sie sind voller Unruhe, so dass es mir schwer fällt, sie still zu halten, es sind Schmerzen, Kälte, aber dann ist auch wieder eine große Zärtlichkeit da. Mir ist so, als würden sie das Chaos dieser Welt widerspiegeln.

Kürzlich saß ich in der Stille (für eine kurze Zeit geht es) und dachte, wenn Gott auch zu mir sagt: was mein ist, ist auch dein, dann wünschte ich mir ganz viel von seiner Fülle. Da kam ein breiter Strom langsam auf mich zu. Ich hielt das ganze Elend dieser Welt in meinen Händen, ganz hautnah und deutlich, den Krieg, das Flüchtlingselend, die verhungerten Kinder, die Angst der Menschen. Der Strom legte sich über das alles und deckte es zu. Als alles vorbei war, hatte ich noch einen kleinen Rest des großen Stromes in meiner Hand – für mich. Und da ist noch etwas anderes: Wenn ich auf der Straße gehe, muss ich mich ganz bewusst bemühen, aufrecht zu gehen. Es fällt mir schwer, weil ich mich so fühle, als würde ich eine schwere Last tragen, die mich hinunter drückt. Medizinisch gibt es dafür eine Erklärung: Es ist eine Verschiebung der Brustwirbelsäule, die mir Schmerzen macht und das Durchatmen erschwert. Aber da ist noch eine andere Dimension.

Während ich so etwas erlebe, kommt mir das alles ganz normal vor. Aber wenn ich damit allein bleibe, kommen die Zweifel und ich fange an, an meinem eigenen Verstand zu zweifeln, weil ich nicht weiß, was das alles bedeutet und wie ich damit umgehen soll. Ich suche nach einem Wort der Erklärung.

Nun war da heute in der Morgenandacht ein Wort: „ich glaube" heißt übersetzt „ich gebe mein Herz". Vielleicht könnte das für mich die Lösung sein. Ich halte zwar nichts von dem Satz: wenn man glaubt, muss man seinen Verstand abschalten, aber im Augenblick bringt mich mein Überlegen nicht weiter. Vielleicht ist es wieder einmal dran, alles Grübeln zu lassen und mich nur von Gott lieben zu lassen, auch wenn das ganz schön schwer ist.

So nehme ich mir also vor, in den Garten zu gehen, den Rasen zu mähen, das Laub zu harken und an nichts anderes zu denken.

26.11.01

Es geschehen mit meinen Händen merkwürdige Dinge. Du hattest mir geraten, meine Hände ein bisschen zu streicheln. Ich habe es versucht, obwohl die Nerven leise Berührungen gar nicht mögen. Allmählich verwandelten sich aber die Schmerzen in eine ganz große Zärtlichkeit. Dass Schmerz und Zärtlichkeit so nahe beieinander liegen, hatte ich vorher gar nicht gewusst. Nun sind zwar die Schmerzen immer noch da, aber es ist auch eine ganz besondere Sensibilität da. Bisher hatte ich alles, was ich mit Gott erlebt habe, über Augen und Ohren aufgenommen (mit den inneren und den äußeren) durch Worte und Bilder. Jetzt kommen die Hände dazu. Ich kann das nicht richtig erklären, aber wenn ich in der Stille Gott meine Hände hinhalte, sind sie wie eine Satellitenschüssel am Haus. Sie nehmen etwas auf, das wie Strom durch den Körper geht und durch die Beine und die Füße in die Erde. Ich weiß gar nicht, was das bedeutet. Oft finde ich in solchen Fällen selbst in einem Wort aus der Bibel oder von Dir eine Erklärung. Dann ist die Sache für mich stimmig und ich kann gut damit leben. Aber wenn ich das klärende Wort nicht finde, macht es mich unruhig, weil ich denke, ich sollte es vielleicht verstehen, verstehe es aber nicht. –

In Gethsemane hatte Jesus den Wunsch, seine Jünger bei sich zu haben. So war es mir kürzlich, als sagte er auch zu mir: Ich möchte dich ganz nah bei mir haben, damit du meine Last mitträgst. Es war so, als wäre der Himmel der Erde ganz nah, aber der Weg von der Erde zum Himmel ist für uns unerreichbar weit.

Manchmal wünsche ich mir, Gott würde auch mit mir so reden wie mit Abraham, als er ihm erklärt hat, was er mit Sodom vorhat. Ich möchte so gern wissen, wo der Weg noch hingeht. Oft wünsche ich mir, mein Weg möge hier bald zu Ende sein. Aber darauf bekomme ich keine Antwort. Vielleicht ist dieses Schweigen ja auch nur barmherzig, weil wir es gar nicht ertragen könnten, zu wissen, was noch auf uns zukommt.

Am Ende solcher Gedanken steht dann für mich immer wieder der Satz: Jeder Tag hat seine eigene Plage. Dann hilft es mir, in den Garten zu gehen. Da gibt es noch viel zu tun. Das ist zwar keine Plage für mich, nur Anstrengung, aber die ist gut gegen das Fragen.

27.11.01

Heute Nacht hatte ich einen Alptraum: Es war Krieg und ich war mittendrin, aber plötzlich merkte ich, dass der Krieg gar nicht außerhalb, sondern in mir war. Mit dem Schrecken bin ich aufgewacht. Der Alptraum ist vorbei, aber ich frage mich, woher er kam. Vielleicht war die Anstrengung gestern im Garten zu groß und meine Nerven rebellierten noch mehr als sonst. Oder gibt es den Krieg in mir wirklich?

Ich wünsche mir nichts so sehr wie Frieden, innen und außen…

1.12.01

Jetzt muss ich Dir schon wieder schreiben, weil ich etwas so Schönes erlebt habe und ich möchte, dass Du Dich mit mir freust. Als wir am Donnerstag miteinander telefonierten, sagte ich, dass ich mich noch gar nicht auf Weihnachten freue und dass im vorigen Jahr auch gar nicht richtig Weihnachten war für mich. Aber nun hat sich das plötzlich geändert.

In mir gibt es einen leeren stillen Raum, der so aussieht wie die Krypta in Riechenberg. Nun hat jemand etwas da hineingelegt, etwas Kleines, Zartes, Lebendiges, das ganz viel Wärme ausstrahlt und Frieden. Ich kann das noch gar nicht fassen, möchte es mir ansehen und mich nicht rühren, um es nicht zu zerstören.

Und mir fällt ein Bild ein, eine Weihnachtskarte, die ich vor vielen Jahren einmal bekommen habe. Es ist Maria, die am Boden kniet und ihr Kind anbetet, das nackt am Boden liegt. Dieses Bild fand ich so schrecklich, weil ich nicht verstehen konnte, dass jemand ein Kind nackt am Boden liegen lässt und es nicht in die Arme nimmt und wärmt. Und nun geschieht mir dasselbe und ich erkenne, dass dieses Kind gar nicht erwartet, dass ich es wärme, sondern dass es mich wärmen will. Und mir ist dabei noch etwas bewusst geworden. Bei allem Schweren, aber auch Wunderbaren, was ich im vergangenen Jahr erlebt habe, ist mir die Wärme verlorengegangen. Sie ist zugedeckt worden von dem Kampf um das tägliche Überleben. Ein bisschen habe ich es schon gespürt, als ich merkte, wie in meinen Händen der Schmerz und die Zärtlichkeit nahe beieinander sind. Aber jetzt ist mir plötzlich ganz bewusst geworden, was mir verlorengegangen ist. Nun beginnt in mir wieder ganz leise eine Wärmequelle zu sprudeln. Ich kann sogar schon wieder die Karte ansehen, die Du mir einmal geschenkt hast, von Maria mit dem überfließenden Krug. Ich hatte sie lange Zeit weit weggelegt.

Nun denke ich sogar, vielleicht könnte diese Wärme ja auch noch einmal die Kälte und Starre in meinen Händen auftauen. Jedenfalls ist das für mich im Augenblick ein leiser Hoffnungsschimmer.

Ich wünsche Dir und auch mir eine gesegnete Adventszeit.

4.12.01

Seit meinem Unfall hat sich äußerlich so vieles verändert, aber ich habe den Eindruck, dass auch ich mich verändert habe. Ich habe so vieles erlebt, aber manchmal hatte ich schon den Eindruck, dass meine Veränderung nicht nur positiv war. Mir war etwas verlorengegangen, aber ich wusste nicht, was es war. Und nun ist schon wieder eine Veränderung da. Ich kann nicht sagen, dass es nun wieder ist wie früher, sondern noch ganz anders. Es ist eine unbeschreibliche Tiefe. Die Schmerzen sind noch da, aber sie treten mehr in den Hintergrund. –

Heute habe ich mir eine Kerze angezündet und mich still davor gesetzt, nur so, weil mir gerade danach war. Dabei fiel mir ein junger Mann ein, von dem ich wusste, dass er mit einer schweren Schädelverletzung im Krankenhaus liegt. Ich wollte gern für ihn beten, aber Worte kamen mir so leer und banal vor. Aber es war so, als würden die Hände reden und ich glaube, Gott versteht diese Sprache. Ich denke, Du hast wirklich recht, dass das meine Art zu beten ist. Und die Kerze hat mich noch dabei unterstützt. Sie war schon ziemlich weit herunter gebrannt und nur noch ganz klein, aber die Flamme war so groß und es sah so aus, als wollte sie sich zum Himmel hin strecken. –

11.12.01

Nun habe ich den Brief also wirklich nicht abgeschickt und bin auch ganz froh darüber. Inzwischen habe ich eine Mittelohrentzündung. Die Schmerzen decken wieder einmal so vieles von den guten Erfahrungen zu. Da ist es mir eine Hilfe, mir einmal vorzulesen, dass es vor wenigen Tagen noch gut war. Das hilft sehr. So bin ich denn heute in den Keller gegangen, meine Weihnachtssachen durchzusehen. Da gibt es eine kleine Keramik, die ich vor einigen Jahren geschenkt bekommen habe: Maria und Josef, die sich gemeinsam über das neugeborene Kind beugen und es schützen.

Die Formen sind nur leicht angedeutet und man kann sie sehr schön in den Händen halten. Als ich Dir zum ersten Mal von meinen Erfahrungen schrieb, fühlte ich mich selbst wie diese Maria. Und Du warst dabei der Geburtshelfer.

Nun habe ich diese Plastik wieder in den Händen und es ist schön, dass es damals nicht eine abgeschlossene Sache war, sondern dass die Entwicklung immer weitergeht. –

Bisher war an einem Weihnachtstag immer großes Familientreffen bei mir und für mich gehörte immer die Weihnachtsbäckerei zum Fest dazu. Beides wird nicht mehr sein in diesem Jahr, auch nicht das Geschenke besorgen. Das war für mich erst schwer zu akzeptieren, aber jetzt habe ich manchmal den Eindruck, dass bei mir schon Weihnachten wird, ganz leise und auf eine ganz andere Weise.

Und nun schicke ich den Brief auch wirklich ab.

Zusammen mit der Grußkarte des Gemeindedienstes schickte ich Gertrud eine byzantinische Darstellung der Himmelsleiter[47]

Hamburg, 15. Dezember 2001
neben dem allgemeinen Weihnachtsgruß des Gemeindedienstes will ich Dir mit diesen Zeilen noch einmal danken für das kostbare Geschenk. Ja: ein kostbares Geschenk sind mir Deine Briefe und noch mehr der innere Weg, den Du darin zum Ausdruck bringst.

Wann darf ein Mensch schon so nahe an das zarte Verhältnis einer Seele zu Gott herantreten, wie Du es mir darin erlaubst. Auch für einen Pastoren wie mich ist das nicht „Alltagsgeschäft", sondern „Heiliges Land" – der Ort, wo der Himmel die Erde berührt wie bei Jakobs Traum von der Himmelsleiter – oder wie in Jesajas Vision im Tempel. Schmerz und tiefes Glück liegen da wohl notwendig ineinander, wo Himmel und Erde sich berühren.

So hast Du auch eine neue Weise des Betens entdeckt – nicht nur mit Worten, sondern mit Deinem ganzen Körper, der in Schmerz und Sehnsucht für Gott geöffnet ist. Natürlich muss sich so auch Fürbitte verwandeln, Worte leer werden – und Du selbst wirst wie die Flamme Deiner Kerze, die Licht und Wärme ausstrahlt, auch wenn sie sich dabei verzehrt – oder wie die Leiter, auf der die Engel auf und nieder steigen, um diesem zerrissenen Leben der Menschen dennoch Frieden zu bringen.

---

[47] Wandmalerei (?) aus der Klosterkirche Hurez, Rumänien
Kunstkarte No 2619 aus dem Raphael-Verlag Stockhornstrasse 5, CH-3063 Ittlingen

Du wirst in diesem Jahr ganz anders Weihnachten feiern – vielleicht ganz nahe bei dem Kind, das so schutzlos und bloß auf dem Boden liegt. Möge die Lebensfülle und die Friedenskraft dieses Kindes in Dir sich entfalten und durch Dich weiter fließen.

Bete auch für mich.

25.12.01

Es ist Weihnachten, und auch bei mir ist richtig Weihnachten, so ganz anders als bisher.

Früher war mir Weihnachten eigentlich gar nicht so wichtig. Ich habe zwar die Weihnachtsstimmung genossen, die Lichter und alles, was so dazu gehört, aber Jesus war mir viel wichtiger als Erwachsener, als Gekreuzigter und vor allem als Auferstandener, der alle Tage bei uns ist. Bei den Weihnachtsbildern hat mich so vieles gestört, z.B. wenn Maria so abgehoben dargestellt war, als Himmelskönigin und so zerbrechlich. Vielleicht war ich dafür schon immer zu realistisch. Ich habe immer gedacht, wenn Gott mit einem Menschen etwas Besonderes vorhat, dann sucht er sich dazu ganz normale Menschen aus und sie bleiben dabei und danach auch ganz normale Menschen. Maria war mir so vertraut und nahe bei dem, was die Bibel von ihr aussagt.

Früher habe ich mich von allem Drumherum so sehr stören lassen, dass das Eigentliche verlorengegangen ist. Oft habe ich es gesucht, wenn ich am Heiligabend allein zum Mitternachtsgottesdienst in die Kirche gegangen bin. Aber da habe ich es auch nicht gefunden. In diesem Jahr habe ich mich oft gefragt, wie es sich anfühlen würde, wenn Christus in mir geboren würde, wie es gesagt wird. Und nun ist es wirklich so. Das Kind ist einfach da.

Mir kam der Gedanke, dass Gott sich selbst während des vergangen Jahres in mir eine Krippe gezimmert hat, nicht leise und behutsam, sondern mit Hammer und Säge. Aber das Kind hat er dann ganz leise hineingelegt. Es ist einfach da, strahlt Wärme und Frieden aus und es ist gut, eben richtig Weihnachten. –

Meine kleine Weihnachtsplastik hat mich durch die Adventszeit begleitet. Ich habe sie oft in die Hände genommen, weil mir die Maria so vertraut ist. Und immer wieder habe ich dabei etwas Neues entdeckt. Das Kind liegt da mit ausgebreiteten Armen, wie sonst kein neugeborenes Kind liegt. Ich dachte, es sollte eine Andeutung sein auf sein Ende, wie auch verschiedene Künstler auf Krippenbildern schon das Kreuz gemalt haben. Aber jetzt habe ich etwas anderes darin erkannt: Obwohl die beiden Menschen sich gemeinsam über das Kind beugen, das zwischen ihnen liegt, berühren sie sich doch nicht. Aber das Kind streckt seine Arme aus, um beide miteinander zu verbinden. Es ist erstaunlich, was dieses Kind fertigbringt.

Vielleicht wird es ja doch noch einmal diese Welt verändern. Aber jetzt freue ich mich erstmal über die kleinen persönlichen Schritte.

28.1.02

Weihnachten ist vorbei, es ist wieder Alltag, alles wird wieder ein bisschen mühsamer, auch das Schreiben. Aber ich möchte Dir gern schreiben. So habe ich mir eine Kerze angezündet, dann sieht man den Regen draußen nicht so. Es ist wie in meinem Leben: Der Alltag ist mühsam, aber es gibt ja noch das Andere.

Am Abend in meiner Zeit der Stille ist es so, als könnten meine Hände, die so wenig Kraft haben, den Himmel aufschließen, so dass ein Strom von Wärme herab fließt auf die Menschen, an die ich denke. Dann sind meine Schwierigkeiten vergessen und alles ist gut. Wenn dann der Strom verebbt ist, ist der Alltag wieder da, aber es bleibt für mich noch ein kleiner Rest nach, der ausreicht, um den Tag zu überstehen.

Alles, was ich früher einmal tun konnte, ist so weit weg, ich wünsche es mir auch nicht mehr zurück. Nun habe ich aber kürzlich in unserer Gemeinde etwas erlebt, was mich persönlich sehr getroffen hat, weil die Gemeinde einmal mein Zuhause war.

Die Tatsache, dass es mir so sehr weh tut, ist wohl ein Zeichen, dass ich doch noch ganz in dieser Welt lebe. Manchmal ist es schwer, beides zusammen auszuhalten. Ich fühle mich nirgends ganz zu Hause. Wenn es im Alltag einmal gar zu schwer wird, rolle ich mich in meinem Bett zusammen und stelle mir vor, dass ich in Gottes Hand liege. Danach geht es dann wieder besser.

29.1.02

Gestern war ich zum meditativen Tanzen. Vormittags hatte ich noch gedacht, ich würde es nicht schaffen, aber am Abend bin ich dann doch gegangen. Das Tanzen, die Gemeinschaft und die Atmosphäre sind für mich die beste Medizin. Manchmal beten wir zum Abschluss das Vaterunser in Gebärden nach dem von einem russischen Chor gesungenen Vaterunser. Für viele ist das gewöhnungsbedürftig, aber für mich ist es nicht ungewöhnlich.

15.2.02

Im Augenblick kann ich wieder einmal nur staunen, wie direkt Gott in unser Leben eingreift, nicht nur bei den wichtigen Entscheidungen, sondern ganz alltäglich.

Durch Deinen Anruf vor zwei Tagen ist mir das noch mal so deutlich geworden. Es ging mir ja wirklich gar nicht gut. Als bei mir ohne ersichtlichen Grund der Blutdruck über 200 stieg, konnte ich das gar nicht mehr gelassen sehen. Es ist gut, dass Herr S[48] da ist und mir hilft, aber als Du dann auch noch angerufen hast, begann es mir allmählich wieder besser zu gehen. Der Blutdruck ist heute wieder ganz brav da, wo er hingehört. Gott schickt mir gleich zwei Helfer, einen für den Körper und einen für die Seele, obwohl das gar nicht immer so voneinander zu trennen ist.

---

[48] Herr S. Heilpraktiker, der Gertrud auch gesundheitlich berät

Heute habe ich mir das Auferstehungsbild vom Isenheimer Altar von Grünewald aufgestellt und hoffe, dass es mir hilft, die alltägliche Mühsal wieder unter die Füße zu bekommen und das Licht wieder die Oberhand gewinnt.

12.3.02

Mein Weg in die Tiefe scheint noch nicht zu Ende zu sein.

Ich hatte mich im Krankenhaus so gut erholt, dass ich wieder Hoffnung hatte, bald wieder nach Alsterdorf gehen zu können zu meiner M[49]. Aber es ist doch nicht so. Seit einigen Tagen kämpfe ich nun mit dem Entschluss, die Betreuung aufzugeben. Es fällt mir entsetzlich schwer. Meine eigenen Kinder konnte ich loslassen, als es an der Zeit war und sie ihr Leben allein leben konnten. M ist mir in den vergangenen 20 Jahren wie eine eigene Tochter geworden, und da fällt mir das Loslassen so schwer, weil sie nicht allein leben kann, weil sie immer jemanden brauchen wird, der für sie eintritt und für sie entscheidet. Sie hat zwar Eltern und Geschwister, die sie aber ablehnen, weil sie ihren Anblick nicht ertragen können. Da war es mir so klar, als ich sie vor 20 Jahren kennenlernte, dass Gott uns zusammengebracht hat.

Jetzt habe ich den Eindruck, dass Gott mir das nicht einfach so aus der Hand nimmt, sondern dass er auch noch von mir erwartet, dass ich freiwillig loslasse. Vor einigen Tagen war ich auch wirklich so weit, weil es mir gar nicht gut ging. Aber nach diesem Entschluss ging es mir dann gleich wieder besser und alles ging von vorn los. Ich dachte, wenn es mir doch noch wieder besser gehen wird, müsste ich ja nicht aufgeben, denn ein Aufgeben käme mir wie ein Verrat an M vor, weil sie es nicht verstehen kann.

Warum tut das alles nur so entsetzlich weh?

---

[49] M steht für einen schwerst behinderten Menschen, für den Gertrud die Betreuung übernommen hatte. Vgl auch den Brief vom 1.6.02

27.3.02

Gestern war meine B bei mir. Ich habe mit ihr über meine Absicht gesprochen, die Betreuung für M aufzugeben. Das Gespräch hat mich noch einmal bestärkt in der Annahme, dass der Weg für mich richtig ist. Es ist im Kopf nun ganz klar. Aber in der Nacht meldeten sich wieder ganz andere Stimmen: Warum muss ich alles aufgeben, ich lebe doch noch. Mir fiel wieder ein, dass man mich in der Gemeinde aus der Mitarbeiterliste längst gestrichen hatte. Damals hatte ich das Gefühl, man hätte mich schon beerdigt, obwohl ich noch nicht tot bin. Die Gedanken der Nacht waren so anders als am Tage. Aber dann habe ich plötzlich gemerkt, dass es draußen inzwischen ganz langsam hell wurde. Ich habe das Fenster aufgemacht und es waren schon die ersten leisen Vogelstimmen zu hören. Das war wunderschön. Mir war so, als würde ich am Ostermorgen mit den Frauen zum Grab gehen. Aber ich habe es ja besser als die Frauen, die damals noch nichts von Auferstehung wussten. Ich weiß, dass Jesus auferstanden ist und erlebe ja ganz oft, dass er auch bei mir ist. Aber wie ist das eigentlich mit mir? Ich habe schon dreimal so etwas wie Karfreitag erlebt. Einmal vor etlichen Jahren bei der Einkehrtagung, dann im vergangenen Jahr auf eine ganz schreckliche Weise und vor einigen Tagen noch einmal.

Ich sehne mich so sehr nach dem anderen, nach kleinen Zeichen der Auferstehung schon jetzt.

28.3.02

Es ist so schwer, alles los zu lassen, was mein Leben bisher ausgefüllt hat und trotzdem weiterleben zu müssen. Nach meinem Unfall schien mir mein bisheriges Leben ganz weit weg zu sein. Ich konnte das alles hinter mir lassen. So war es auch mit den Beziehungen zu meinen Freunden aus Mecklenburg. Es war mir bewusst, dass ich nicht mehr hinfahren könnte. Aber in der vergangenen Woche hatte ich Besuch von einem Ehepaar. Sie haben die Mühe auf sich genommen, waren einen ganzen Tag unterwegs, um mich für 2 Stunden zu besuchen. Ich habe mich so sehr gefreut. Aber jetzt kommt alles noch einmal hoch, was wir miteinander erlebt haben:

Aus unserer Begegnung in Ost-Berlin ist eine Gemeindepartnerschaft entstanden. Und ich war dabei, als sie sich kurz vor der Wende in der überfüllten Kirche trafen und die Angst und die Spannung zum Zerreißen war. Dann die wunderbare Zeit, als mein Haus voller Gäste war, die zum ersten Mal in den Westen reisen durften. Das alles wird jetzt wieder lebendig und macht mir das Loslassen schwer. So ging es mir auch, als ich entschlossen war, M los zu lassen.

Als ich in Alsterdorf anrief und mit dem Mitarbeiter sprach, der M betreut, wurde mir plötzlich noch einmal bewusst, was alles gewesen ist in den vergangenen 20 Jahren. Im Augenblick möchte ich am liebsten alles ganz festhalten und weiß doch, dass das nicht sein kann. Ich kann überhaupt nicht verstehen, warum plötzlich alles so anders ist. Es macht mir Angst. Ich möchte so gern meinen Frieden wiederfinden, der mich durch das ganze vergangene Jahr getragen hat.

5.4.02

Ich möchte Dir gern sagen, wie sehr Du mir geholfen hast durch unser Gespräch am Mittwoch.

Am Abend in der Stille kamen so viele Erlebnisse aus den vergangenen 30 Jahren hoch.

Mir wurde bewusst, wie reich mein Leben gewesen ist. Alles Negative konnte ich beiseite legen, das Positive dankbar ansehen. Im Augenblick weiß ich gar nicht, warum ich seit einiger Zeit mein vergangenes Leben nur als ein ständiges Versagen ansehen konnte. Es sieht also so aus, als würde es bei mir wieder heller. Aber dabei ist mir noch etwas anderes klar geworden: Es ist weder das Positive noch das Negative in meinem Leben wirklich wichtig gewesen. Mir fiel ein Bild wieder ein, das ich vor einigen Jahren einmal hatte: Ich sah zurück auf meinen bisherigen Lebensweg. Neben dem Weg brannten viele kleine Lichter für kleine Begegnungen, Besuche, Gespräche, Briefe, die wichtig waren. Es ist mir jetzt noch einmal deutlich geworden, dass in meinem Leben nur die vielen kleinen Dinge am Rande wirklich wichtig waren, jedes einzelne ein winziges Stückchen Himmel.

6.4.

Nun geht es doch nicht ganz so leicht an mir vorüber. Mir geschieht gerade das, was ich so gar nicht wollte. Ich hatte gehofft, ich könnte die negativen Dinge beiseite legen. Aber das geht nicht. Es kommen Bilder wieder hoch aus der Zeit, als ich anfing ganz bewusst mit Gott zu leben. Ich hatte damals das große Glück, in eine Gemeinde zu kommen, in der ich mich wie Zuhause fühlte. Unser Pastor war befreundet mit Pastor Baier[50], von daher waren ehrenamtliche Mitarbeiter selbstverständlich und gleichberechtigt. Ich war schon bald im Kirchenvorstand, hatte die Leitung der Müttergruppe, konnte völlig selbstständig die Abende planen, Ausflüge, Veranstaltungen, eine Mutter+Kind-Freizeit. Für mich war das alles ganz selbstverständlich. Weil es meine erste Gemeinde war, die ich erlebt habe, dachte ich, in der Kirche wäre das immer so. Als dann unser Pastor plötzlich starb, bekamen wir nach einer Vakanz einen Pastor, der völlig anders war und mit der Selbstständigkeit von ehrenamtlichen Mitarbeitern gar nicht leben konnte. Jetzt habe ich noch einmal ganz hautnah den Tag erlebt, als ich zum letzten Mal mit ihm in seinem Arbeitszimmer saß und er mir sagte, dass er unbedingt die ehrenamtlichen Mitarbeiter loswerden müsste, weil sie so viel Arbeit machen und es wäre ihm noch nie in seinem Leben ein Mensch begegnet, mit dem er so viel Schwierigkeiten hätte

---

[50] Leiter der Haushalterschaftsarbeit s.o.

wie mit mir. Ich konnte das überhaupt nicht verstehen. Und nun musste ich nach so vielen Jahren noch einmal erleben, wie weh das damals getan hat.

Aber dabei habe ich noch etwas Eigenartiges erlebt. Als ich das so deutlich vor mir sah, entdeckte ich, dass Jesus lebendig am Kreuz dabei war. Das habe ich damals nicht gespürt. Für mich ist das jetzt eine ganz veränderte Situation. Vielleicht ging es damals gar nicht nur um mich. Obwohl damals für mich mit einem Schlag die Gemeindearbeit beendet war, war es vielleicht doch nicht nur ein Scheitern, so wie für Jesus das Sterben auch kein Scheitern war, obwohl es so aussah.

Nun möchte ich hoffen, dass das alles bei Gott aufgehoben ist und ich das Vergangene unterpflügen kann, wie Du es mir geraten hast.

28.4.02

Heute in der Nacht war da wieder einmal ein Bild, das ich Dir gern erzählen möchte:

Es war zwischen Gott und uns Menschen ein Meer aus Leid und Schmerzen. Es gab keine andere Möglichkeit für die Menschen, zu Gott zu kommen, als dieses Meer auszuschöpfen. Jesus war bei uns am Ufer und hat mit seinem Kelch den Anfang gemacht. –

Es scheint mir so unmöglich, dies Meer auszuschöpfen. Lieber wäre es mir, ich könnte über das Meer gehen wie Jesus. Mir fiel aus dem Buch „Momo" ein, dass der Straßenfeger sagte, wenn man eine lange Straße fegen muss, darf man nicht auf die Länge sehen, sondern muss einfach nur fegen, sorgfältig Schritt für Schritt.

So geht es mir auch, ich lebe Tag für Tag, versuche die Mühsal des Tages zu bestehen und danach die Schmerzen der Nacht. Tag und Nacht sind wie Einatmen und Ausatmen. Dabei gibt es auch Augenblicke, die hell und schön sind, in denen ich denken kann, dass es mir rundherum gut geht. Wenn mir die Schmerzen zu schlimm werden, kann ich mich manchmal einfach loslassen, kann mich hineinfallen lassen und schlafe damit ein. Aber es gibt auch das andere, dass ich denke, ich halte es nicht mehr aus. Es ist wechselhaft wie das Wetter. –

1.6.02

Dass Dein Besuch bei mir Nachwirkungen haben würde, hatte ich erwartet. Aber nun ist es wieder einmal so ganz anders, als ich ahnen konnte.

Was Du gesagt hast vom stellvertretenden Leiden hat mich am Abend noch sehr beschäftigt. Ich konnte damit so gar nichts anfangen, weil es für mich so unvorstellbar war. In der Nacht waren meine Schmerzen so heftig wie lange nicht mehr. Ich war immer wieder damit beschäftigt, Arme und Beine zu massieren, um die Schmerzen zum Abklingen zu bringen. Dabei tauchte plötzlich der Gedanke auf, wie es meiner M wohl gehen würde, wenn sie solche Schmerzen hätte. Sie könnte sich nicht selbst helfen, weil sie sich nicht bewegen kann. Sie könnte auch niemanden um Hilfe bitten, weil sie nicht sprechen kann. Es würde auch niemand die Schmerzen erkennen, weil man sie nicht sehen kann, wie man sie auch mir nicht ansieht. Diese Vorstellung war für mich so unerträglich, dass ich dachte, dann möchte ich das alles doch lieber selbst ertragen. Die Vorstellung, dass sie in Alsterdorf friedlich im Bett liegt und schläft und am Morgen fröhlich aufwacht, hat mich sehr getröstet.

Sollte denn wirklich doch etwas dran sein am stellvertretenden Leiden? Es kommt mir immer noch ganz absurd vor. Aber ich denke schon lange, dass ich, je weiter ich den Weg der Nachfolge gehe, desto weniger verstehe. –

Das Abendmahl[51] habe ich so ganz anders erlebt als jemals vorher. Das Brot war mir so fremd, obwohl ich es doch selbst gebacken hatte und jede Zutat kannte. Es war nicht das Brot, es

---

[51] Gertrud hatte mich um eine Kranken-Abendmahlsfeier in ihrem Haus gebeten.

war mehr. Und der Kelch war so schwer (im übertragenen Sinn). In unserem Hauskreis haben wir bei unserem letzten Treffen angefangen, uns mit der Bergpredigt zu beschäftigen. Ich glaube, ich bin ein kleines bisschen dem auf der Spur, was „selig" bedeutet, nicht selig im Leiden, weil wir ja einmal getröstet werden, sondern gleichzeitig. Es gibt kurze Augenblicke, wo ich beides nicht voneinander unterscheiden kann.

5.6.02

Seit Du hier gewesen bist, geschieht bei mir so viel, dass ich Dir schon wieder schreiben muss. Vorher war ich nur noch damit beschäftigt, meinen Alltag zu bewältigen, dass kaum noch etwas anderes geschehen konnte. Beim Abendmahl dachte ich im Blick auf den Kelch daran, dass Jesus in Gethsemane gesagt hat: „Wenn es möglich ist, so gehe der Kelch an mir vorüber". Er musste ihn trotzdem trinken. Darum kam mir der Kelch so schwer vor, wie ich es sonst nie beim Abendmahl erlebt habe. –

Als ich vor ca. 30 Jahren anfing, die Bibel zu lesen und dabei an Jesaja 6 kam, schien mir die Geschichte so vertraut. Ich hatte das ja auch erlebt, wenn auch nicht so orientalisch ausgeschmückt, sondern alles in „Kleinformat". Aber mir schien das alles so ganz normal zu sein. Als ich heute morgen aufwachte, wieder nach einer Nacht voll undefinierbarer Schmerzen, stand vor mir der Satz aus Jesaja 4,8: „Siehe, ich lege dir Stricke an, dass du dich nicht von einer Seite auf die andere wenden kannst, bis du die Zeit deiner Bedrängnis vollendet hast." Ich weiß nicht, was das alles bedeutet, aber ich kann mich auch nicht wehren gegen die Gedanken, die so plötzlich auftauchen. Als ich aufstand, sah ich, dass die Rosen auf meiner Terrasse so voll aufgeblüht waren wie seit vielen Jahren nicht mehr. Die Zweige hingen fast bis an die Erde. Es war so, als hätte Gott selbst mir einen riesigen Strauß roter Rosen vor die Tür gelegt. Anscheinend benutzt Gott auch schon mal rote Rosen für eine Liebeserklärung.

Vielleicht klingt das alles ganz verrückt, darum sage ich es ja auch nur Dir. Aber wenn ich spüre, dass Gottes Liebe noch für mich da ist, kann ich alles besser aushalten, auch ohne zu verstehen.

25.6.02

Beim Frühstück schien die Sonne. Ich konnte meinen Garten so richtig genießen. Aber von der anderen Seite zog eine dunkle Wolkenwand auf. Dadurch, dass sie von der Sonne angestrahlt wurde, wirkte sie noch dunkler und bedrohlicher. Gleich würde sie die Sonne verdecken. Aber der Wind trieb sie an der Sonne vorbei und sie behielt die Oberhand. Es kommt mir so vor, als würde es im Augenblick in meinem Leben auch so zugehen. Es wechselt zwischen Dunkelheit und Rosen. Es ist wie ein Kampf, bei dem ich aber gar nicht beteiligt bin. Ich fühle mich dabei nur wie ein Schlachtfeld, auf dem der Kampf stattfindet. Obwohl ich mich manchmal so verwüstet fühle, habe ich doch eine wunderbare Entdeckung gemacht: Der Raum ganz tief in mir, in dem nichts anderes ist als eine wunderbare Stille (er erinnert mich an die Krypta in Riechenberg), ist wieder da. Und auch der kleine Engel von Paul Klee, der sich behutsam aus der Dunkelheit tastet (Du hast mir die Karte mal als Weihnachtsgruß geschickt). Auch das kleine Wörtchen „Zärtlichkeit" hat da einen Platz. Plötzlich ist das alles wieder da. Der Zugang war mir lange Zeit verschüttet. Jetzt merke ich erst richtig, wie sehr mir das alles gefehlt hat. Nun wünsche ich mir so sehr, dass mir der Zugang erhalten bleibt. –

Aber vielleicht genügt es ja auch schon zu wissen, dass der Raum da ist, auch wenn ich keinen Zugang finde? Ich weiß ja inzwischen, dass ich nichts festhalten kann. –

20.8.02

Ich habe wirklich den Eindruck, dass das Leben eine ganz verrückte Sache ist.

So lange schon war der Terrorismus in der Welt das Thema, und es ist ja auch wirklich ganz schrecklich. Jetzt ist die große Flut das Thema, und das ist ja auch wirklich ganz schrecklich. Mein Sohn hat mit seiner Frau in L. ein Grundstück mit einem Häuschen gekauft, es mit sehr viel Einsatz und Liebe selbst aus- und umgebaut. Nun ist es ihr Traumhaus geworden. Der Garten ist ein kleines Paradies geworden, jede Pflanze hat meine Schwiegertochter mit Liebe ausgesucht und gepflanzt. Und nun hat C seine Haustür zugemauert, damit die Flut, die in den nächsten Tagen erwartet wird, nicht alles ganz und gar zerstören wird. Natürlich zittere ich mit. –

Meine B ist verzweifelt, weil die Suche nach einer passenden Lehrstelle für ihren Sohn mit so viel Enttäuschung und Entmutigung verbunden ist. Auch da zittere ich mit. Es erinnert mich an sehr ähnliche Erlebnisse in meinem Leben.-

Und doch bin ich jetzt bei allem nur „Zuschauer". Eigentlich spielt sich mein Leben auf einer ganz anderen Ebene ab. Aber was ist denn nun das „wirkliche" Leben?

Mit meinem jetzigen Leben zurechtzukommen, dazu hast Du mir bei unserem letzten Gespräch wieder einmal eine gute Hilfe gegeben. „Es ist, wie es ist...". Den Satz habe ich jetzt immer wieder im Ohr. Eigentlich lebe ich schon lange damit, habe es mir aber bisher nicht so deutlich gemacht. Wenn ich mal jemandem gesagt habe, dass ich so denke, bin ich immer auf Protest gestoßen. Man hat mir vorgeworfen, das wäre Resignation und so dürfte ich nicht denken. Jetzt bist Du es wieder einmal gewesen, der mir Mut macht, das zu leben, was für mich gut ist. Der Kampf gegen mein Leben, wie es jetzt ist, kostet so viel Kraft und ist doch sinnlos. Die Kraft brauche ich besser für das Leben, um den Alltag zu bestehen. Ich habe es schon ganz gut gelernt, jeden Augenblick so zu leben, wie er nun einmal ist. Ich versuche, die schönen Augenblicke so tief in mich aufzunehmen, dass sie noch lange nachwirken können. Z.B. sind die Rosen auf meiner Terrasse ja längst verblüht, aber ich habe den Eindruck, dass sie ganz tief in meiner „Krypta" noch vorhanden sind. Es gibt auch Stunden, wo ich denke, meine Hände fühlen sich schon wieder ganz gut an. Bisher hatte ich dann immer wieder Hoffnung, dass es ja vielleicht doch noch mal alles besser werden könnte, und dann könnte ich doch vielleicht wieder....

Am nächsten Tag war die Hoffnung dann wieder vorbei und es war enttäuschend. Nun genieße ich es, wenn es gut ist, dass es eben so ist wie es ist. Und wenn es dann morgen wieder anders ist, ist es eben so. Damit kann ich dann auch leben. Immer funktioniert das ja nicht, aber dann ist wieder der Satz von Dir da. Es ist schon erstaunlich, welche Wirkung ein gesprochenes Wort haben kann. –

15.9.02

In der Kirchenzeitung las ich einen Bericht vom diesjährigen Pilgerweg durch Schleswig-Holstein. Ein Gedanke daraus hat mich den ganzen Tag beschäftigt: Eine Störung auf dem Lebensweg kann zu einer Perle werden, wie ein Sandkorn in der Muschel. Eine tröstliche Vorstellung!

Aber am anderen Tag waren wieder ganz andere Gedanken da: Eine Muschel hat ja gar nichts davon, ob sie eine kostbare Perle in sich trägt, für sie bleibt es eine Störung. Aber dann am folgenden Tag dachte ich, dass Gott vielleicht alle diese Perlen sammelt als Baumaterial für sein himmlisches Jerusalem. Das war für mich dann doch wieder tröstlich. So geht es bei mir immer auf und ab. Ich staune, dass Gott sich so viel Mühe macht, mich aus den depressiven Gedanken herauszuholen. Über Nacht träufelt er Gedanken in mich hinein, die ich von mir aus sicher nicht denken würde.

Am vergangenen Wochenende war ich mit meinen Gedanken sehr viel bei Euch auf der Tagung. Hohes Lied 8,6-7, ein spannendes Thema! Gern wäre ich dabei gewesen. Es beschäftigt mich schon die ganze Woche. Jeden Tag kommen neue Gedanken. Ich habe 3 verschiedene Übersetzungen miteinander verglichen. Jörg Zink spricht vom „Schmuck an deinem Herzen". Aber das ist mir einfach nur zu schön. So ist Gottes Liebe für mich nicht, eher wie bei Luther „ein Siegel auf deinem Herzen". Das bedeutet ja ein Besitzanspruch, wie man früher den Sklaven das Siegel ihres Besitzes eingebrannt hat. Ich kann mich noch gut daran erinnern, als Du mir einmal ganz deutlich gemacht hast, dass Gott mich liebt. Da hat sich der Gedanke bei mir so tief eingebrannt, wie ein Siegel. Bis dahin konnte ich es einfach nicht glauben. Zu verstehen ist es ja auch wirklich nicht. Gottes Liebe bedeutet für mich eine ganz große Sicherheit, aber sie ist auch manchmal unbeschreiblich hart, duldet nichts anderes daneben, mutet so viel zu. Das alles ist so himmlisch entfernt von einem „lieben Gott", wie wir ihn uns vielleicht einmal gewünscht haben. Aber es ist doch gut, dass die „Wasserfluten" von Protest Gottes Liebe nicht auslöschen können, ich könnte ja doch nicht mehr ohne sie leben. –

Ganz leise frage ich mich manchmal, ob denn daraus vielleicht eine sehr schöne Perle werden könnte, auch wenn ich selbst nichts davon habe.

30.9.02

Weil ich so eingeschränkt bin, fühle ich mich manchmal wie in einem Käfig, in einem goldenen Käfig allerdings, denn mein Haus und mein Garten sind ja sehr schön. Aber es wurde mir bewusst, dass meine Behinderung zwar wie ein Gitter ist, das ich nicht übersteigen kann, aber der Himmel über mir ist ganz weit und offen. Und meine Gedanken kann ich frei laufen lassen. So waren sie am Wochenende im Tagungshaus, und sie werden sicher auch bei der Tagung auf Sylt bei Euch sein. Sylt ist sowieso meine große Liebe, schon seit ich als Kind zum ersten Mal dort war. Im Herbst frühmorgens stundenlang allein am Wasser laufen und abends auf den Sonnenuntergang warten, einen schöneren Urlaub kann ich mir nicht vorstellen. Eigentlich bin ich aber gar nicht sehr traurig, dass das für mich vorbei ist, sondern ich freue mich mit, wenn Menschen, die ich gern habe, das erleben können.–

Kürzlich saß ich in der Nacht wieder einmal auf meinem Bett, weil die Schmerzen so heftig waren. Ich strich immer wieder mit meinen Händen über Arme und Beine. Das ist eine Linderung, aber nur für kurze Zeit. Als ich zu müde wurde, habe ich es einfach geschehen lassen und mich nicht mehr gegen die Schmerzen gewehrt. Da war mir so, als ob ich verbrenne, als ob ich auf einem Altar sitze und die Flammen von mir bis zum Himmel aufsteigen – und das tat dann gar nicht mehr weh. –

Ich möchte so gern wissen, was das alles bedeutet, denn ich denke, wenn ich verstehe, könnte ich es besser ertragen. Während mir so merkwürdige Dinge geschehen, kommt es mir ganz normal vor, aber später ist mir das alles manchmal fast unheimlich. Kannst Du mir erklären, was das alles bedeutet? –

21.10.02

Ich rate so gern Kreuzworträtsel, möglichst schwierige. In der Nacht träumte ich von einem Rätsel, das ich nicht lösen konnte, aber es hatte irgendetwas mit Glück zu tun. Als ich aufwachte, schoss in meine Wirbelsäule ein ganz heftiger Schmerz, aber gleichzeitig fühlte ich mich völlig sicher und entspannt in meinem Bett. Und ich spürte die Wärme der Decke ganz wunderbar auf meiner Haut. Mit großen Buchstaben stand darüber die Lösung des Rätsels: DAS IST GLÜCKSELIGKEIT. Jesus hat gesagt: Selig sind... Es stimmt wirklich! –

Oft fühle ich mich so sehr unter Druck, wie in einer Kelter. Ich habe mir früher oft gewünscht, dass Gott am Ende aus meinem

Leben einen Wein keltern wird. Jetzt habe ich den Eindruck, dass es nur einige wenige Tropfen sind. – Aber vielleicht kommt es ja nicht auf die Menge an. –

Manchmal morgens, wenn das Gras in meinem Garten nass ist, vom Regen oder vom Tau, und die Sonne bricht durch die Wolken, dann gibt es einige ganz wenige Tropfen, die aufleuchten wie Diamanten, ganz hell, obwohl sie so winzig klein sind. Es gibt verschiedene Farben: grüne vom Gras, blaue wie der Himmel und ganz wenige, die golden sind wie die Sonne. Das ist so wunderschön, hält aber nicht lange. Sobald die Sonne hinter einer Wolke verschwindet, sind es nur noch ganz einfache kleine Wassertropfen. Vielleicht ist unser Leben ja auch so: In ganz wenigen Momenten leuchtet etwas auf, aber danach ist wieder Alltag. Und wir können gar nichts dabei tun.

... Und mir geht es so, dass ich nach dem Aufschreiben wieder frei bin für etwas Neues, immer wieder anderes.

24.11.02

Ich möchte Die noch einmal Dankeschön sagen für Dein Kommen in unseren Hauskreis[52]. Wir sind dadurch noch näher zusammengerückt in unserer Gruppe. Bisher war ich immer ein bisschen traurig darüber, dass Frau O und besonders Frau P nicht verstehen konnten, warum mir Einkehrtage und Stille so wichtig sind. Durch die kurze Stille, die wir gemeinsam mit Dir erlebt haben, hat sich das radikal geändert. Frau P meinte, solche Stille möchte sie auch einmal ein ganzes Wochenende erleben. Ich hatte schon lange den Wunsch, dass wir einmal gemeinsam Einkehrtage erleben könnten. Vielleicht werden sie ja tatsächlich einmal zu Einkehrtagen kommen, allerdings dann ohne mich. Darum ist es mir ganz wichtig, dass ich auch weiterhin Eure Angebote bekomme.–

---

[52] zu einer gemeinsamen Krankenabendmahlsfeier.

Für meine stille Zeit habe ich mir die Auferstehungsikone von unserem Meditationskurs wieder aufgestellt, und habe damit wunderbare Erfahrungen gemacht. Während des Kurses habe ich mich identifiziert mit der Frau ganz rechts im Bild. Ich hatte den Eindruck, dass sie sehr verbunden ist mit Jesus. Wenn er ihr auch den Rücken zudreht und sich um andere kümmert, so kam es mir doch so vor, als würde er sich sofort auch ihr zuwenden, wenn sie ihn braucht. Nach meinem Unfall habe ich diese Ikone beiseite gelegt. Für mich war Jesus nicht mehr der Helfer, sondern er hat mich so sehr hineingezogen in sein Leiden. Ich konnte zwar auch dazu ja sagen, aber es war alles so schwer. Jesus war für mich so ganz anders geworden.

Nachdem Du mit uns das Abendmahl gefeiert hast, habe ich die Ikone wieder aufgestellt und sie ist mir wieder vertraut, sie tut wieder etwas mit mir. Vor einigen Tagen habe ich etwas merkwürdiges erlebt: Es war so, als stände das Bild nicht vor mir, sondern wäre in mir, als wenn vor mir ein Spiegel steht, der das Bild, das in mir ist, widerspiegelt. Es war schön, das Grün in mir zu spüren und die Zusage Jesu: ich in euch[53]. Die äußeren Dinge sind damit nicht leichter geworden, aber ich habe den Eindruck, dass sich innen irgendetwas verändert. -

Kürzlich wachte ich in der Nacht auf und meine Beine waren wie aus Eis. Mit dem schrecklichen Gefühl konnte ich nicht wieder einschlafen. Darum stand ich auf, um meine Beine warm zu reiben. Da merkte ich, dass sie gar nicht kalt waren. Die Nerven gaben nur wieder einmal falsche Signale. So ist es wohl auch mit den ständigen Schmerzen in meinen Händen. Im ganzen Körper ist ein Chaos. Mir ist so, als wäre mein Körper ein Spiegelbild unserer Welt. Ich sehe auch in der Welt ein hoffnungsloses Chaos. Aber vielleicht ist es ja auch in der Welt so wie in meinem Körper: es fühlt sich schrecklich an, aber in Wirklichkeit ist der Schaden

---

[53] z. B. Johannesevangelium 15,4 oder 17,23

gar nicht so groß. Vielleicht hat Gott das alles doch in der Hand. Ich kann nur nicht verstehen, warum das alles so ist, bei mir und in der Welt.

Gottes Gedanken sind ja höher als unsere Gedanken, aber ich möchte so gern wenigstens ein bisschen mehr verstehen. Ich fühle mich manchmal so ausgeliefert, weil ich den Sinn nicht verstehe. Es kommt mir so vor, als würde ich meinen Weg gar nicht mehr selbst gehen, sondern werde nur noch gezogen. Ich kann nur noch das sehen, was dicht vor meinen Füßen liegt, jeden einzelnen Schritt, jede einzelne Stunde. Wenn ich zurück sehe auf mein bisheriges Leben, dann kann ich auch keinen Weg erkennen, sondern hinter mir liegen viele Begebenheiten wie kleine Lichter, kleine Teelichte weit verstreut in der Dunkelheit.

So kann ich nur noch darauf vertrauen, dass Jesus den Weg kennt, auf den er mich zieht.

17.12.02

Es weihnachtet und es tut gut, mit Bildern noch ein bisschen nach zu helfen. Darum habe ich mir das Höhlen-Krippenbild, das Ihr vor 3 Jahren den Teilnehmerinnen am Meditationskurs zu Weihnachten geschickt habt, wieder aufgestellt. Es ist mir so vertraut.

Vor einigen Tagen kam mir in der Stille so sehr der Wunsch, mit hinein zu kriechen in diese Höhle, ganz tief hinein, wo Wärme, Nähe, Gemeinschaft und Geborgenheit hautnah zu spüren sind. Manchmal, in seltenen Augenblicken, habe ich den Eindruck, dass die ganze zerrissene, chaotische Welt doch geborgen ist wie in der Höhle. Selbst wenn menschliche Gemeinschaft fehlt, ist eine wunderbare Geborgenheit da, so als wäre der Himmel nicht weit weg, sondern ganz nah um uns. Diese Augenblicke möchte ich am liebsten festhalten. Das geht ja nicht. Aber auch die Erinnerung daran hilft eine ganze Weile weiter.

Ich wünsche Dir für die Weihnachtszeit ganz viel von dieser Geborgenheit und die Zeit, das auch genießen zu können.

Ich werde am Heiligabend mit meiner B und ihrer Familie zum Gottesdienst gehen. Dazu habe ich mir schon vor einer Woche ein Taxi bestellt, damit es auch wirklich klappt. Weihnachten vor einem Jahr war ich zum letzten Mal im Gottesdienst. Es freut mich sehr, dass jetzt auch unser Jüngster in der Familie meint, ohne Kirche ist nicht richtig Weihnachten. Bisher war es für ihn immer ein lästiges Übel, das man ertragen musste. Der Freund meiner ältesten Enkelin kommt auch wieder mit. Für ihn war es schon im vergangenen Jahr ein besonders schönes Erlebnis. Er kannte das überhaupt nicht, weil sein Vater zu den Zeugen Jehovas gehört. Da gab es zu Hause nichts Weihnachtliches. Für mich ist es so wichtig, dass diejenigen, die mit mir zusammen in die Kirche gehen, das auch wirklich gern tun. Dann kann ich es selbst besser genießen.

25.12.02

Heute genieße ich es, zu Hause zu sein und bei der Glätte das Haus nicht verlassen zu müssen. Gestern dachte ich vormittags noch, dass ich gar nicht zu meiner B könnte wegen der Glätte. Aber mein Schwiegersohn T meinte, ich sollte mir ruhig mal so ein „prickelndes Abenteuer" leisten, er hätte auch keine Schwierigkeiten, mich abends wieder nach Hause zu bringen. Also habe ich mich wirklich auf dieses prickelnde Abenteuer eingelassen und habe dabei die wunderbare Erfahrung gemacht, die ganze Zeit liebevoll umsorgt zu werden. Ich musste nicht einen Schritt allein gehen. Als ich mit dem Taxi bei der Kirche ankam, stand T schon bereit, in der Kirche war ein Platz für mich reserviert, nach dem Gottesdienst brachten mich T und der Freund meiner Enkelin über eine spiegelglatte Eisfläche zu dessen Auto. Und wir kamen heil bei meiner Tochter an. Der Abend war dann wunderschön, so friedlich wie man sich ein Familienweihnachtsfest wünscht, aber oftmals doch nicht hat. Danach brachte T mich wieder nach Hause. Ich kann mich nicht daran erinnern, jemals solche Fürsorge erlebt zu haben. Wozu doch so ein Glatteis gut ist!

27.12.

Mit meinen Händen mache ich weiterhin so merkwürdige Erfahrungen, die ich immer weniger verstehe. Nach meinem Unfall konnte ich sie ja zuerst gar nicht gebrauchen, sie waren wie Fremdkörper, die nicht zu mir gehören. Jetzt habe ich gelernt, sie wieder zu benutzen, wenn auch die Feinmotorik sehr eingeschränkt ist. Aber das Gefühl, dass meine Hände nicht mir gehören, ist immer noch da. Manchmal sind die Schmerzen so, dass ich denke, ich kann es wirklich nicht mehr aushalten. Wenn ich im Fernsehen die schrecklichen Bilder sehe von Elend, Krieg und Hass in der Welt, dann ist es besonders schlimm. Es ist so, als ob meine Hände wie Fackeln brennen. Ich mag sie nicht berühren, weil die Haut sich anfühlt, als wäre sie verbrannt. Aber dann geschieht es auch manchmal, dass die Schmerzen sich in Zärtlichkeit verwandeln, und dann kann ich es ja doch ertragen. In Ordnung scheinen die Hände zu sein in der Zeit, wenn ich sie beim Sitzen in der Stille aufhebe. Dann ist es so, als würde der Himmel sich öffnen, ein breiter Strom kommt herunter auf die Erde und fließt überall dorthin, wo meine Gedanken hingehen, bis die ganze Erde zugedeckt ist.

Mir fiel kürzlich wieder einmal ein Bild ein: Vor sehr vielen Jahren wachte ich nachts auf und mir war so, als würde ich die Menschen auf der Erde schreien hören. Das war ganz schrecklich. Und Gott sagte: ich will euch doch helfen, warum hebt ihr denn die Hände nicht auf? Damals wusste ich nicht, was ich mit diesem Bild anfangen soll, denn ich hatte auch damals schon das Gebet als meine wichtigste Aufgabe angesehen und wusste nicht, was ich denn sonst noch tun sollte. Jetzt kommt mir der Gedanke, dass Gott vielleicht das Händeaufheben ganz wörtlich gemeint hat. Kannst Du mir sagen, ob denn die Form des Gebetes wirklich so wichtig ist?

Ich möchte so gern wissen, wozu das alles gut ist und wohin mein Weg noch geht. Wenn ich doch mehr verstehen könnte, den Sinn begreifen. Dann wäre es vielleicht leichter.

Aber erst einmal ist es für mich eine Entlastung, dass ich das alles Dir wenigstens sagen kann, wenn ich damit auch noch keine Antwort habe. Danke dafür!

10.1.03

Danke für Deinen schönen Weihnachtsbrief. Du hast damit meine Gedanken auf eine Reise geschickt. Der Gedanke, dass das Herz auch Hände hat, war mir so neu. Dass es Augen und Ohren hat, sehe ich auch so, aber Hände? Ein schöner Gedanke!

So wie Du am Tag vor Weihnachten mit Deinen Krippenfiguren gespielt hast, so habe ich jetzt mit der Frage gespielt, was das Herz denn eigentlich ist. Dazu habe ich mir die Bibel zu Hilfe genommen und die erste Aussage über das Herz ist: „Das Trachten des menschlichen Herzens ist böse von Jugend auf."[54] Niederschmetternd! Da machte das Spiel schon keinen Spaß mehr, aber ich wollte auch nicht aufgeben und habe weiter gesucht; das Herz ist also böse, verstockt, wie zerschmolzenes Wachs, zerbrochen, zerschlagen, verzagt, es brennt, bricht, denkt, ist verzagt, grausam, siech, trotzig, widerspenstig, es bebt, zittert, zerreißt, ist wie ein brennendes Feuer, es kommen arge Gedanken aus dem Herzen, es erschrickt, ist hart, verfinstert, es lässt sich betrügen. Aber es ist auch verständig, es frohlockt, mahnt, spricht, vertraut, quillt über, erkennt, freut sich, dichtet ein feines Lied, man kann im Herzen Worte bewegen und es als Opfer bringen. Und am Ende der langen Liste steht: Heiligt eure Herzen. Ein ganz anderer Ton als am Anfang der Bibel. Dazu kommt noch die Zusage, dass Gottes Liebe ausgegossen ist in unsere Herzen, dass er es versiegelt hat und den Geist als Angeld in unsere Herzen gegeben hat,

---

[54] 1. Mose 6,5

dass er sein Licht in unseren Herzen auf strahlen lässt und dass Christus in unseren Herzen wohnt. Das sind alles so tröstliche Aussagen, aber was das Herz eigentlich ist, weiß ich immer noch nicht. Ein Mediziner könnte mir sicher eine konkrete Antwort geben, aber das meine ich ja nicht. Ist es eine leere Höhle, die ihren Wert bekommt durch das, was hineingelegt wird? Ist es die Tür, durch die Gott uns erreichen kann?

Beim Meditationskurs hattest Du einmal gesagt, wir sollten versuchen uns vorzustellen, dass das Licht von oben auf uns scheint und über den Kopf durch unseren ganzen Körper strömt. Obwohl ich mich bemüht habe, dafür ganz offen zu sein, hatte ich den Eindruck, dass das bei mir nicht funktioniert. Es gab immer nur den Weg über das Herz.

Vielleicht ist es ja gar nicht so wichtig zu wissen, was das Herz ist. Aber es ist gut, dass es Augen, Ohren und Hände hat. Das ist mir so wichtig, weil die leiblichen Augen, Ohren und Hände mir allmählich mehr und mehr den Dienst versagen. -

Wie es mir ergeht, wenn ich mit erhobenen Händen bete, ist schwer zu erklären. Vielleicht passt am besten ein Wort dazu: Sehnsucht. Ob dem Herzen wohl auch noch einmal Flügel wachsen können?

26.1.03

Ich habe mir den „tastenden Engel" von Paul Klee wieder aufgestellt, den Du mir vor zwei Jahren als Weihnachtsgruß geschickt hast. Ich habe den Eindruck, dass er im Augenblick zu mir passt, weil er sich ganz behutsam aus dem Dunkel tastet, wie auch ich es gerade tue. Es gibt ja immer mal wieder so dunkle Zeiten bei uns, obwohl ich mir gar nicht erklären kann, warum das so ist. In unserem Hauskreis sind wir schon mehrmals an die Stelle im Vaterunser geraten, wo es heißt: und führe uns nicht in Versuchung. Herr S hat so besonders große Schwierigkeiten damit, ob Gott uns wirklich in Versuchung führen würde. Ich selbst bin inzwischen der Meinung, dass er es doch manchmal tut. Aber es ist mir dabei wichtig, dass er uns nicht in Versuchung fallen lässt, sondern uns führt. Jedenfalls habe ich den Eindruck, dass er mich dabei an der Hand hält und nicht loslässt. Und wenn es dann vorbei ist, ist es wieder ganz besonders gut. In den vergangenen Tagen hatte ich den Eindruck, ich könnte meine Beschwerden einfach nicht mehr ertragen. Mir war das alles so sinnlos. Da rief mich eine Bekannte an und bedrängte mich, unbedingt zu einem anderen Arzt zu gehen, weil es gar nicht möglich ist, dass Gott will, dass ich das aushalte. Ich musste mich heftig dagegen wehren. Zwar glaube ich auch, dass Gott nicht grundsätzlich will, dass wir leiden. Aber für mich sehe ich es im Augenblick so, auch wenn es sonst niemand versteht. Ich wüsste auch keinen Arzt, zu dem ich gehen könnte, wenn Gott es will, wird er es mir zeigen.

Als ich nach diesem Telefongespräch abends im Bett lag, habe ich erlebt, dass die Schmerzen sich ganz allmählich verwandelten in eine große Zärtlichkeit. Ich kann das alles nicht verstehen, kann einfach nur aushalten, was da mit mir geschieht. Aber ich wünsche mir, dass das alles nicht mehr so lange dauert, oder dass ich wenigstens einen Sinn darin sehen könnte.

Wenn es bei mir sehr dunkel ist, bin ich meistens nicht in der Lage, Dich anzurufen. Zwar hoffe ich manchmal ganz leise, dass Dein Telefon auch ohne mein Zutun klingelt. Aber so weit ist die Technik doch noch nicht, dass sie auf leise Wünsche reagiert. Wenn es mir dann allmählich besser geht, kann ich Dir ja auch wieder schreiben und das ist gut!

9.2.03

Als ich heute morgen aufwachte, waren die Schmerzen in den Händen und Armen ziemlich schlimm. Ich habe versucht, sie durch leises Darüberstreichen zu lindern. Dabei fiel mir die Geschichte von den Jüngern ein, als sie allein im Boot über den See fuhren, ein Sturm aufkam und Jesus über das Wasser ihnen entgegen kam. Sie hielten ihn für ein Gespenst und schrien.[55] Jesus sagte: Seid getrost, ich bin es. Das habe ich auch für mich gehört. Ich weiß, dass Gott bei mir ist, auch wenn ich Schmerzen habe, aber ich hatte bisher nicht erlebt, dass er direkt in den Schmerzen ist. Es ist nicht identisch damit, aber es ist so, als ob er sich mit den Schmerzen vermischt, um in mich hineinzukommen und sich in meinem ganzen Körper auszubreiten als Wärme, Ruhe und Gelassenheit. Das ist schwer zu erklären, aber ich hoffe, dass Du es trotzdem verstehst. Ich empfinde es als eine neue Bestätigung der Seligpreisungen: Schmerzen und Seligkeit direkt zusammen. Vielleicht bedeutet es ja auch das „ich in euch", körperlich zu spüren. Eine merkwürdige Erfahrung! Aber es ist doch gut zu wissen, dass Gott und Schmerzen nicht untrennbar miteinander verbunden sind. So kann ich doch hoffen, dass er bleibt, auch wenn die Schmerzen vielleicht noch einmal wieder aufhören werden, dass Gott die Schmerzen nur benutzt als „Transportmittel". Ich staune überhaupt immer wieder, welche Mittel er sich sucht, um mich zu erreichen. So denke ich, dass er auch Dich braucht, um bei mir Hindernisse zu überwinden. Danke, dass Du Dich dazu gebrauchen lässt!

Seit unserem Gespräch habe ich wieder den Mut, die Erfahrungen zuzulassen, die mir manchmal unheimlich erscheinen. Damit geht es mir so wie den Jüngern im Boot. Wie aktuell doch diese alten Geschichten sind. Und merkwürdig, dass mir die passenden Geschichten gerade zur richtigen Zeit einfallen.

22.2.03

Man sagt oft, dass Menschen im Alter nur noch in der Erinnerung leben. Mir geht es so, als wäre alles, was ich früher einmal erlebt habe, ganz weit weg. Jetzt ist mein Leben so eng geworden, mühseliger Alltag. Als ich kürzlich wieder einmal den Eindruck

---

55 Matthäus 14, 22-33

hatte, dass alles so sinnlos ist und ich einfach nicht mehr mochte, kam es mir für einen kurzen Augenblick so vor, als wäre gerade diese Zeit das wirkliche Leben. Mir kam dieses mühselige, eingegrenzte Leben unbeschreiblich reich vor. Das war so absurd. Dieser Augenblick kam ja nicht, als ich etwas Schönes erlebte, sondern im Gegenteil. Ich verstehe das alles nicht. Bei Gott scheint mir überhaupt alles paradox zu sein. Solche Augenblicke sind schnell wieder vorbei und ich kann sie nicht festhalten. Sie sind wie Tropfen, die für einen Augenblick auf blitzen, wenn die Sonne darauf scheint. Dann habe ich immer den Wunsch, Dir das zu schreiben, damit sie mir nicht so schnell wieder verlorengehen. Ich stelle mir vor, wie es wohl sein würde, wenn man diese besonderen Augenblicke in meinem Leben wie Perlen auf eine Schnur fädeln könnte. Es würde sicher schon eine lange Kette geben. Aber was sie bedeuten, weiß ich nicht. Ob sie vielleicht bei Gott irgendwo aufgehoben sind?

23.2.

Heute scheint so wunderschön die Sonne, ich hätte Lust auf einen langen Spaziergang. Weil das nicht geht, habe ich mich für eine Weile auf die Terrasse gelegt. Die Sonnenstrahlen auf der Haut im Gesicht und Händen sind wie ein Vorgeschmack auf das Paradies – oder wie auf den Frühling. Und für einen Spaziergang zum Briefkasten reicht es dann auch noch. Hoffentlich hast Du auch Gelegenheit, die Sonne zu genießen.

11.3.03

Gestern hatte ich Besuch aus Rostock. Es waren zwei Stunden voll menschlicher Nähe, Wärme und Vertrauen. Mir kam es so vor wie ein Konzentrat aus einer Beziehung, die vor langer Zeit einmal bei einem Ost-West-Treffen der Haushalterschaft mit Pastor Beyer in Ost-Berlin begann. Daraus war allmählich eine enge, aufregende Partnerschaft zwischen den Gemeinden in

Rostock und unserer Gemeinde entstanden, die sich aber allmählich aufgelöst hat, nachdem die deutsch-deutsche Grenze gefallen war. Aber aus dieser Beziehung ist zwischen dem Ehepaar aus Rostock und mir eine Freundschaft geblieben, die auch jetzt in meinem eingeschränkten Leben noch ganz lebendig ist.

So ähnlich ging es mir kürzlich bei einem Anruf aus Mecklenburg von einer Frau, die damals in der DDR versucht hat, in einem leerstehenden Pfarrhaus ein Erholungsheim für Behinderte einzurichten. Ich durfte den langen Weg mitgehen, bis jetzt daraus eine Werkstatt für 140 Behinderte in Kröplin geworden ist. Auch wenn ich jetzt nicht mehr praktisch daran teilhaben kann, so ist es doch schön für mich, wenn man mir sagt: wir vergessen dich nicht. Da ist dann auch so ein Telefonat wie die Essenz aus vielen lebendigen und erfüllten Jahren. -

Wenn ich mir überlege, was ich alles erlebt habe, wundere ich mich manchmal selbst, dass das alles einmal Wirklichkeit war. Jetzt besteht mein Leben nur noch darin, meinen hinfälligen Körper so zu versorgen, dass ich einen Tag nach dem anderen überstehe. Unser Körper ist der Tempel, in dem Gott wohnen will. Dass ist wieder einmal so paradox. Von einem prächtigen Tempel ist nichts zu sehen. Aber wenn ich mir vorstelle, dass der „Tempel" in dem Jesus geboren wurde, ein Stall war oder eine Höhle, dann passt das ja eigentlich schon besser. Und wenn es in meinem armseligen Stall dann noch solche Kostbarkeiten gibt, wie dieser Besuch gestern oder das Telefongespräch kürzlich, dann bringt das bei mir alle Vorstellungen von armselig und strahlend durcheinander. Es liegt beides so eng zusammen, wie meine Schmerzen und Zärtlichkeit. Da ist eine Wirklichkeit, die fremd ist. Aber manchmal denke ich, sie wird mir allmählich vertrauter. Vielleicht wird auch daraus noch eine Perle für meine Kette.

10.4.03

Wie so oft nach einem Gespräch mit Dir sehe ich am nächsten Tag meinen Weg wieder klarer vor mir. Ich habe mich gefragt, was Du eigentlich für mein Leben bedeutest. Da fiel mir spontan eine Stelle aus der Bibel ein: 1. Sam 3, 9+10[56].

Es begann vor einigen Jahren damit, dass Du mir Mut gemacht hast, meine Bilder zuzulassen. Später, wenn ich Fragen hatte, hast Du mir keine direkten Antworten gegeben, sondern Denkanstöße und die Ermutigung, meinen eigenen Weg zu finden. Und das ist es wohl, was mir wirklich hilft.

Ich kann mich noch sehr gut daran erinnern, wie es war, als ich begann, nach Gott zu fragen und Antworten zu suchen. Damals hatten wir in unserer Gemeinde eine Pastorin, die sich viel Zeit genommen hat für mich und mir auch sehr geholfen hat, obwohl sie sagte, ich dürfte meine Bilder nicht ernst nehmen, weil das Schwärmerei ist. Aber eines Tages hat sie mir gesagt, sie könnte nicht mehr Seelsorgerin sein für mich, weil sie den Eindruck hätte, ich wäre schon weiter als sie. Darüber war ich so verzweifelt und konnte das überhaupt nicht verstehen. Damals hat mir dann Frau NN[57] weiter geholfen, obwohl wir uns nur bei den Einkehrtagen gesehen haben. Und nun bist Du da. Es ist doch erstaunlich, wie Gott immer wieder dafür sorgt, dass wir das bekommen, was wir brauchen.-

Immer wieder einmal fange ich an zu fragen, was man denn nach Gottes Willen tun müsste. Olaf Hansen hat in seinem Buch „Das Schönste liegt noch vor uns" geschrieben: nicht den Willen Gottes tun, sondern zulassen, dass er seinen Willen in mir tut, damit komme ich zum Ziel.

---

[56] Die Geschichte erzählt von der Ermutigung des jungen Samuel durch seinen alten Lehrer und Priester, in der unbekannten Stimme Gottes Stimme zu erkennen.

[57] eine Mitarbeiterin des Gemeindedienstes, die Einkehrtage leitete

Das Tun-wollen scheint ja mein größtes Problem zu sein. Aber Gott hindert mich so massiv am Tun, dass ich vielleicht eines Tages endgültig auch die Gedanken daran aufgeben kann. Ich bin nur froh, dass Gott mich nicht auch noch am Schreiben hindert. Das zählt ja zu den Dingen, die ich noch tun kann. Und ich habe nicht einmal mehr sehr viele Schmerzen dabei. Ich hätte nur zu gern gewusst, warum Gott sich so viel Mühe macht mit mir und an welches Ziel er damit kommen will. Aber darauf bekomme ich keine Antwort. Darum fühle ich mich manchmal wie ein Klumpen Ton in der Hand des Töpfers, der auch nicht fragen kann, was aus ihm wird und warum. Vielleicht kann ich ja auch eines Tages aufhören zu fragen und es einfach so nehmen, wie es ist. Die Hauptsache ist ja, dass wir in Gottes Hand sind und das ist gut.

Ostermontag 2003

Es ist wieder einmal Ostern, das dritte Osterfest ohne Gemeinde.

Zu Ostern gehörte schon immer die Gemeinde unbedingt dazu. Das war für mich immer etwas Besonderes. Wie viele Jahre habe ich mich am Ostermorgen ganz früh, bevor es hell wurde, auf den Weg gemacht ins Gemeindehaus. Ich fühlte mich wie die Frauen, die zum Grab gingen. Im Gemeindehaus war es dann noch ganz still. Ich habe die Kaffeemaschinen angestellt und die Tische gedeckt für das Gemeindefrühstück. Dann gab es eine Andacht mit Posaunen auf unserem Friedhof, einschließlich das gemeinsame Frühstück, dann einen Festgottesdienst in unserer Kirche. Hinterher noch das Abwaschen und Aufräumen. Am Nachmittag waren meine Töchter und die Enkelkinder bei mir und am Abend gingen wir zusammen zur Andacht mit anschließendem Osterfeuer auf der Kirchenwiese. Das war immer ein prall gefüllter Tag in Gemeinschaft. Seit drei Jahren fehlt mir diese Gemeinschaft gerade zu Ostern sehr. Seitdem liegt mir der Karfreitag näher als Ostern. In diesem Jahr habe ich so ganz leise auf das Wunder gehofft, dass auch für mich so etwas wie Auferstehung geschehen könnte. Aber am Sonntag war dann doch nichts besser. Aber heute ist ein schöner Sonnentag, es blüht in meinem Garten und ich bemühe mich, das zu genießen. -

Als ich heute morgen für ein Weilchen auf der Terrasse in der Sonne lag, spürte ich die Wärme auf meiner Haut, neben mir sang ein Vogel – nur für mich, der Blutpflaumenbaum war voll erblüht – nur für mich, die ersten Blätter der Seerose hatten sich auf der Wasseroberfläche ausgebreitet – nur für mich, das war wieder einmal unbeschreiblich tröstlich. – Wieder eine Perle für meine Kette. -

Ich habe mir Auferstehung immer vorgestellt wie eine Explosion, die alles mitreißt und lebendig macht. Vielleicht geht es ja auch viel leiser, nur tröpfchenweise und kaum spürbar.

Ich wünsche Dir so sehr, dass für Dich das Osterfest ein Aufatmen war und Dir Kraft gegeben hat für Dein Leben, wenn auch vielleicht nur ganz leise, aber doch spürbar.

1.5.03

Ich habe den Eindruck, als würde sich tief in mir etwas Wesentliches verändern. Als ich nach meinem Unfall ins „Leben" zurückfinden musste, war mir das zuerst gar nicht recht, aber ich habe eingesehen, dass mein Leben noch nicht zu Ende ist. Seit einiger Zeit habe ich den Eindruck, dass es zwischen diesem Leben hier und dem danach noch einen anderen Raum gibt. Ich weiß gar nicht, ob ich das erklären kann, aber ich möchte es wenigstens versuchen, weil ich mir so sehr wünsche, dass Du mich auf meinem Weg begleitest.

Ich lebe mit meinen Füßen nicht mehr in der Welt wie früher und doch bin ich mit den Menschen, die ich kenne, tiefer verbunden als früher, eigentlich auf einer anderen Ebene. Auch ist mir das Geschehen in der Welt überhaupt nicht gleichgültig, im Gegenteil. Aber ich erlebe es aus einer anderen Perspektive. Ich habe mich nicht aus dieser Welt zurückgezogen und doch lebe ich wie ein Eremit in der Wüste.

Im Augenblick lese ich das Buch von Henri Nouwen „7 Monate im Trappistenkloster"[58]. Wenn ich mir vorstelle, dass auch meine „Wüste" nur auf Zeit bestehen würde und mein Leben danach wieder „normal" wäre, so ist das für mich gar kein erstrebenswerter Gedanke. Zwar ist es eine wunderschöne Vorstellung, wieder einmal abends ohne Schmerzen ein zu schlafen. Aber obwohl ich mir diesen Zustand nicht freiwillig gewählt habe, so wünsche ich mir doch nicht mehr, in ein „normales" Leben zurückzukommen. Dies Leben ist so gefüllt, aber ich kann gar nicht sagen womit. Vielleicht ist das kein Dauerzustand, aber im Augenblick ist es so. Ich möchte ihn genießen, so lange er andauert. Ich gehe meinen Weg Schritt für Schritt weiter, auch wenn er immer mehr in die Tiefe geht.

14. Mai 2003

Auf dem Brief oben: Bildchen der Höllenfahrt-Ikone

So kommt er immer wieder und greift hinein in die Welt des Todes und weckt zum Leben – einem Leben, nicht von dieser Welt, doch in dieser Welt – einem Leben, das in dieser Welt schon beginnt und sich weiter entfaltet in der Welt, in der er jetzt schon alles durchdringt und umfasst. Und unser Leben in der Welt ist im Vergleich zu dem kommenden wohl so wie das Leben des ungeborenen Kindes im Mutterleib – von der Mutter ganz umgeben, auch wenn es das Gesicht der Mutter nicht sieht.

Dein Weg, gerade nach dem Krankheitseinbruch in den letzten Jahren, hat Dich wach gemacht für dieses „zwischen den Welten" – oder wie Du sagst:„zwischen den Leben". Ja, es ist gut, dass Du Dich nicht zurückwünschst in das Alte, auch wenn das „Zwischen" Schmerzen bereitet. Spricht nicht Paulus auch von den „Bedrängnissen" als von Geburtswehen

---

[58]   Ich hörte auf die Stille, Herder-Verlag, 1978

für das kommende Leben.[59] *Deine Briefe habe ich liegen – unbeantwortet. Einen jeden empfinde ich als kostbares Geschenk – wie auch Dein Vertrauen, das sich darin ausspricht. Danke dafür.*

Gott wirken lassen: ja, das ist wohl das große Lebensgeheimnis, zu dem Du heranreifst – gerade durch Dein „Nichts-mehr tun-können". Ich denke, dass Gott mehr in unserer Welt wirken kann durch Menschen, die es gelernt haben, ihn wirken zu lassen als durch alle tatkräftigen Weltverbesserer – ob sie nun als Politiker oder Vertreter der Religion oder als beides handeln. Habe den Mut, Dich mit Deinem offenen Herzen, Deinem zwischen Himmel und Erde, zwischen Leben und Leben, als eine offene Tür zu begreifen, durch die Gottes Segen in die Welt hinein fließen will: zu den Menschen, die Du liebst; zu denen, die politische Verantwortung tragen wie zu den Leidenden – und auch zu mir. Ja, habe den Mut, einfach da zu sein und Gott wirken zu lassen, auch wenn Du nicht weißt und verstehst, wie er durch Dich wirkt.

22.5.03

Ich kann Dir gar nicht sagen, wie sehr ich mich über Deinen Brief gefreut habe! Danke dafür. Du hast jetzt Urlaub. Ich weiß nicht, wie und wo Du ihn verbringst. Aber ich wünsche Dir, dass es für Dich eine gute Zeit sein möge. Vielleicht wirst Du diesen Brief also erst später lesen. Aber ich möchte Dir trotzdem schon heute schreiben. Auch weiß ich gar nicht, wann ich ihn abschicken kann. Ich habe keinen Briefkasten mehr in erreichbarer Nähe und muss warten, ob ich jemanden finde, der ihn mit nimmt. -

Ich möchte Dir gern von einem sehr intensiven Bild erzählen, das heute morgen, als ich aufwachte, plötzlich da war:

Gott war dabei, die Welt zu erschaffen, die unendlich große Vielfalt von Pflanzen und Tieren, unbeschreiblich und wunderschön. Und die Menschen als sein Gegenüber, als sein Ebenbild. Es sah so spielerisch und leicht aus. Ich sah auch Hiob, dass Gott

---

[59] Römer 8, 18-25 in Anlehnung an Jesu Wort in Johannes 16, 21+22

Freude an ihm hat, aber doch zulässt, dass der Satan ihn quält, dass er ausprobiert, was Hiob tun würde. Aber ich sah auch, dass er ihn nachher wieder heil und glücklich macht.

Da kamen meine eigenen Gedanken dazwischen. Ich dachte, das kann nicht angehen, dass Gott Freude daran hat, etwas zu schaffen und dann wieder zu zerstören. Aber wenn wir Menschen ein Ebenbild Gottes sind, selber Dinge schaffen, damit experimentieren und auch wieder zerstören, ob das vielleicht auch eine Eigenschaft Gottes ist? Da habe ich meine eigenen Gedanken schnell wieder abgeschaltet. Ich wollte mir nur dieses Bild ansehen und nicht durch eigene Gedanken zerstören. Ich sah auch mich in diesem Bild und dass Gott die Menschen nicht als Spielzeug haben möchte, sondern dass er möchte, dass wir mitspielen, nicht nur wie tote Schachfiguren, sondern mit unserem ganzen Herzen uns in seinen Spielplan eingeben und gebrauchen lassen. -

Zu diesem Bild passen so viele Dinge, die ich besonders in den letzten Jahren erlebt habe. Gott müht sich so sehr darum, dass ich „mitspiele", z.B. durch Rosen auf der Terrasse oder indem er zeitweilig meine Schmerzen in Zärtlichkeit verwandelt (jedenfalls kann ich manchmal das eine nicht vom anderen unterscheiden). Es sind unendlich viele kleine solcher Dinge, die ich erlebe. – Eigentlich war dieses Bild nicht nur ein Bild, sondern ein Zwiegespräch.

Eine Tür zu sein, durch die Gottes Segen hindurch fließen kann, das ist ein so guter Gedanke. Da möchte ich schon gern „mitspielen". Auch wenn ich trotzdem mit dem Kopf nicht verstehe, wie es denn geht. Vielleicht lohnt es sich ja dann doch, noch ein bisschen weiter zu leben.

2.6.03

Ich möchte so gern wissen, welchen Sinn das Leiden hat. Jetzt kam mir ein Gedanke: Wenn Gott den Menschen nahe kommen möchte, können wir das vielleicht gar nicht ertragen ohne diese

Wand aus Schmerzen oder anderer schmerzhaften Erfahrungen. So wie wir es auch nicht ertragen können, in die Sonne zu sehen. Sogar eine Sonnenfinsternis können wir nur durch ein geschwärztes Glas ansehen. Paulus spricht ja auch von seinem Pfahl im Fleisch[60] im Zusammenhang mit einer besonderen Gotteserfahrung. Bisher hatte ich gedacht, Gott möchte mich nur dazu bringen, dass ich nichts mehr tue und ihn allein wirken lasse. Ich denke, dass er das ja auch erreicht hat. Aber anscheinend gibt es noch andere Gründe. Natürlich muss ich das nicht alles verstehen. Aber manchmal denke ich, wenn Gott bei mir etwas erreichen möchte, möchte ich es doch gern verstehen, damit ich ihm nicht so sehr im Wege stehe dabei. Es scheint doch mit dem Leiden ein Geheimnis verbunden zu sein. So ähnlich wie mit dem Brot. Beim Abendmahl ist das Brot mehr als Brot. Und manchmal sind Schmerzen mehr als Schmerzen. Herr S versucht alles Mögliche, die Ursache zu finden und mir zu helfen, aber es gelingt ihm nicht. Etwas in mir wehrt sich heftig dagegen, unter allen Umständen gesund zu werden. Ich denke, es gibt für mich noch etwas Wichtigeres. Erklären kann ich es nicht, aber ich verliere meine innere Ruhe, wenn ich mich anstecken lasse von dem Bemühen, auf jeden Fall gesund zu werden. Und dies ganz tiefe Gefühl von Geborgenheit möchte ich nicht mehr verlieren. -

5.6.03

Heute Nacht waren die Schmerzen wieder einmal schlimm, aber zwischendurch bin ich immer mal wieder eingeschlafen. Da sah ich über mir eine große Schar von Engeln, die heftig um etwas kämpften. Dazwischen tauchte einmal kurz, aber sehr deutlich, das Gesicht eines Menschen auf, für den ich schon länger intensiv bete. Morgens um 4 Uhr löste sich das Getümmel auf. Ich selbst fühlte mich wie ein Schlachtfeld, nicht aktiv beteiligt, aber doch

---

[60] 2. Korinther 12, 7

zum Mitleiden verurteilt. Danach konnte ich dann noch fünf Stunden tief und fest schlafen ohne Schmerzen. -

Ich habe bisher gedacht, wenn ich für Menschen bete, dann lege ich damit alles in Gottes Hand und es ist nicht mehr meine Sache. Kann es denn sein, dass Gott uns darüber hinaus noch an dem beteiligt, was er mit den Menschen tut, wenn auch nur passiv? Und dann ist da wieder die Frage: Welchen Sinn hat denn dieses Mitleiden, wenn doch niemandem damit geholfen ist? Die Lösung möchte ich so gern finden wie bei einem Kreuzworträtsel. Aber Geheimnisse lassen sich wohl so nicht erklären. Ob wir eines Tages mehr wissen werden? Im Augenblick bleibt mir nur, mich hineinfallen zu lassen in das Unbegreifliche wie in einen dunklen Brunnen, so wie die Goldmarie im Märchen.

3.7.03

Wieder sind vier Wochen vergangen. Ich wundere mich, wie die Zeit so vergeht: 28mal morgens aufwachen und versuchen, über die Runden zu kommen (morgens geht es mir meistens nicht so gut), 28mal mittags erschöpft hinlegen, eine Stunde schlafen, 28mal wieder aufstehen und für einige Stunden irgendetwas tun, 28mal abends ins Bett gehen in der Hoffnung, dass die Nacht erträglich wird. Aber heute morgen wachte ich auf und merkte plötzlich, dass da mitten in den Schmerzen die Zärtlichkeit Gottes zu spüren ist. Und damit ist dann wieder alles ganz anders. Äußerlich hat sich nichts verändert, aber es ist wieder etwas von Leben zu spüren. Ich kann nicht sagen, dass ich an den anderen Tagen schrecklich leide, aber ich brauche alle Kräfte zum Überleben. Ich fühle mich auch nicht von Gott verlassen, aber nach vier Wochen kommt da wieder einmal etwas wie ein Sonnenstrahl von oben, der das Überleben zum Leben macht und das ist gut.

Eine Woche lang ging es mir so, dass ich nicht mehr auf die Straße konnte. Ich hatte mich schon darauf eingestellt, dass ich wohl nicht mehr lange allein hier leben könnte. Da hat mir meine

B einen Gehwagen mitgebracht. Ich kann ihn zwar draußen nicht benutzen, aber in der Wohnung ist er mir eine Erleichterung. Und nun war ich inzwischen auch schon wieder einmal selbst zum Einkaufen. Es hängt wohl auch ein bisschen vom Wetter ab.

Mein Sohn hatte in der letzten Woche Geburtstag. Als er hörte, dass ich in diesem Jahr nicht mehr kommen könnte, kam er mit seiner Frau kurz entschlossen wieder einmal zu mir. Wir hatten uns ein halbes Jahr nicht mehr gesehen. Auch eine meiner Enkelinnen war mit ihrem Freund einmal bei mir. Es ist gut, mit jungen Menschen intensive Gespräche zu haben und zu sehen, wie sie das Leben anpacken und es doch nicht alles so ist, wie es das Fernsehen darstellt. Aber das alles kommt mir so vor, als wenn es nicht mehr wirklich zu meinem Leben gehört. Und doch ist da eine Quelle, die ganz leise und ohne mein Zutun sprudelt zu den Menschen, die mir nahe sind.

1.8.03

Meine Tage verlaufen so ganz anders als Deine, aber wohl nicht weniger gefüllt. Es kamen so merkwürdige Gedanken hoch. In der Zeitung und im Fernsehen wird gerade jetzt immer wieder erinnert an die Luftangriffe auf Hamburg vor 60 Jahren. Es ist schon so lange her, aber da gab es für mich ein Erlebnis, das jetzt plötzlich wieder ganz deutlich wird: Ich war 16 Jahre alt, war zu Hause, weil ich Urlaub hatte. Es war mein letzter Urlaubstag und es stand mir schrecklich bevor, dass ich am nächsten Tag wieder zur Arbeit musste. An diesem Abend habe ich um ein Wunder gebetet. Und dieses „Wunder" ist tatsächlich geschehen: Der erste große Bombenangriff auf Hamburg! Unser Haus brannte gleich in der ersten Nacht ab und ich musste wirklich am nächsten Morgen nicht zur Arbeit. An dem Tag habe ich mir vorgenommen, nie wieder um etwas zu beten, wenn es solche Auswirkungen haben könnte, denn das habe ich ja nicht gewollt. Erst ca. 30 Jahre später, als Gott mir auf so ganz andere Weise begegnet ist, habe ich unserer Pastorin davon erzählt. Sie hat mir geholfen, mit diesem Erlebnis richtig umzugehen. Danach hatte ich dann die ganz große Freiheit zu beten ohne Angst, dass es vielleicht falsch sein könnte.

Jetzt denke ich, dass unsere Gebete wohl viel mehr auslösen als wir ahnen.

Heute Nacht hatte ich wieder einmal den Eindruck, dass mein ganzer Körper nur aus rebellierenden Nerven besteht. Ich bin dem so hilflos ausgeliefert. Mein Körper fühlte sich an wie ein Schlachtfeld, auf dem ein heftiger Kampf ausgefochten wird, dass es gar nicht um mich geht, sondern um viel mehr. Ich kann diesen Gedanken noch nicht zu Ende denken, er tauchte nur mal auf. Aber es macht den Zustand erträglicher zu denken, dass das alles einen Sinn hat, auch wenn ich ihn nicht verstehe.

20.8.03

Heute morgen habe ich wieder einmal etwas sehr Tröstliches erlebt. Mir stand wieder ein Bild vor Augen, das ich vor mehr als 30 Jahren erlebt habe, mein Bild von der Himmelsleiter. Der Himmel war offen und es hing eine Strickleiter herunter, bis an meine Füße. Dazu kam eine Stimme, die sagte: „komm". Ich habe damals ganz fröhlich und ohne Angst „ja" gesagt, obwohl es eigentlich für mich ein ganz entsetzlicher Gedanke ist, über eine schwankende Strickleiter gehen zu müssen. Dies Bild war also wieder da und jetzt stehe ich nicht mehr mit meinen Füßen auf festem Boden, sondern mitten auf dieser schrecklich schwankenden Leiter. Heute wundere ich mich, dass ich damals so fröhlich ja gesagt habe. Ich sage heute auch noch ja, aber ganz so fröhlich ist mir nicht mehr. Aber es hat mir gut getan, heute noch den Himmel offen zu sehen. Und dann war da bei mir für einen Augenblick das wunderbare Gefühl, dass alles gut ist. Es war nicht die Aussicht auf einen offenen Himmel, sondern erstaunlicherweise kam es mir so vor, dass dies mühselige Gehen von einer

Sprosse zur anderen, von einem Tag zum nächsten, einfach gut ist, so wie es ist.

Das war so schön, dass ich spontan den Wunsch hatte, Dir zu schreiben und Dir ganz viel davon abzugeben. Ich würde so gern vielen Menschen davon abgeben, aber sie verstehen es nicht. Oder vielleicht verstehen sie es ja doch, auch ohne Worte.

Am Montag hatten wir unseren Hauskreis. Da sagte Frau O, dass ihr unser Zusammensein so gut tut, dass sie dann richtig glücklich ist, obwohl sie in ihrer Familie große Sorgen hat. Es ist ein ganz verrückter Gedanke, aber ich wünsche mir so sehr, ich könnte den Himmel aufschließen, damit die ganze Fülle der Liebe Gottes herab kommt und das ganze Chaos und Elend in dieser Welt (und auch in meinem Körper) zudeckt.

15.9.03

Mit meinen Gedanken war ich am vergangenen Wochenende oft in Riechenberg. Die Erinnerung an die Tage vor drei Jahren ist noch ganz frisch und ich habe es sehr genossen, in Gedanken durch alle Räume und durch den schönen Garten zu gehen.

Die Wirklichkeit meines Alltags wird aber immer enger. Vor zwei Wochen war ich in der Nacht gefallen. Ich habe mich zwar nicht ernsthaft verletzt, aber jetzt fühle ich mich noch unsicherer. Auf die Straße gehe ich nicht mehr. Ein Umstand ist mir dabei noch zu Hilfe gekommen. Der Spar-Laden in der Nähe ist geschlossen. So hätte ich sowieso nicht mehr selbst einkaufen können. Jetzt ist es so, als gäbe es um meinen Garten eine Mauer, die ich nicht mehr überwinden kann. Aber wie so oft, habe ich wieder einmal etwas Schönes erlebt.

Als ich kürzlich abends noch einmal durch meinen Garten ging, fiel mir der Satz vom Anfang der Bibel ein: „in der Abend-kühle wandelte Gott im Garten". Mir war so, als könnte ich auch in meinem Garten einen Hauch von Gott spüren. Dann brauche ich auch eigentlich keinen anderen Raum mehr.

Meine B versucht jetzt, jede Woche einmal zu kommen. A kauft alles für mich ein, was ich brauche. Ich muss jetzt nur anders planen. So geht es inzwischen recht gut. -

16.9.03

Ich denke über die Mauer nach. Sie kommt mir eigentlich gar nicht wie eine Gefängnismauer vor, sondern eher wie eine Schutzmauer. In Gedanken pflanze ich blauen Rittersporn und rote Rosen davor, die in ihrem Schutz gut wachsen können. Außerdem ist diese Mauer kein Hindernis für Menschen, die mich besuchen wollen. Und auch meine Gedanken sind dadurch nicht behindert, nur die Füße. So habe ich mich schon richtig angefreundet mit ihr. -

Früher habe ich mal gedacht, auf dem Weg des Sterbens braucht man Zuspruch und Ermutigung von den Angehörigen. Jetzt erlebe ich, dass es umgekehrt ist. Ich bin damit beschäftigt, meinen Kindern und Enkelkindern die Angst vor meinem Sterben zu nehmen. Meine A erlebt bei ihrer Schwiegermutter das Gegenteil. Sie ist hinfällig aber voller Hass und Unzufriedenheit. Es ist wirklich schrecklich, mit ansehen zu müssen, wie ein Mensch sich und anderen das Leben zur Qual macht. Ich weiß ja nicht, was mir noch alles bevorsteht, aber ich wünsche mir so sehr, dass mir das nicht passiert und dass meine Kinder das nicht mit mir erleben müssen.

8.10.03

Nach unserem Telefongespräch gestern habe ich noch einmal darüber nachgedacht, dass ich Dir einmal geschrieben habe, ich möchte nicht, dass jemand erfährt, von wem meine Briefe kommen. Damals hatte ich schon die Erfahrung gemacht, dass mir Dinge, die ich mit Gott erlebt habe, verloren gegangen sind, nachdem ich darüber gesprochen habe. Ich habe damals erkannt, dass es Dinge gibt, die nicht in die Öffentlichkeit gehören.

Jetzt möchte ich Dir aber sagen, dass ich inzwischen anders denke über das, was meine Briefe an Dich angeht. Heute habe ich manchmal den Eindruck, dass es gar nicht so sehr um mich geht, sondern dass irgendetwas wie ein Strom durch mich hindurch fließt zu Dir oder auch weiter, wenn Du den Eindruck hast, dass es so sein sollte. Ich denke, dass Gott uns beide gebraucht, um seinen Strom durch uns hindurch fließen zu lassen. So hast Du also von mir aus alle Freiheit, zu tun, was Du für gut hältst. Ich habe keine „Urheberrechte" und habe auch keine Befürchtungen mehr, dass es mir schaden könnte. Am Ende wird Gott uns beide bewahren und hoffentlich im Stillen gebrauchen und Segen fließen lassen, wohin er will.

1.11.03

Es ist November. Vielleicht ist das der Grund, dass bei der Mauer um meinen Garten keine Blumen mehr blühen. Es ist alles dunkler geworden. Ich habe den Eindruck, das Leben wird schwerer. Manchmal denke ich, mein Leben findet auf einer Bühne statt. Ab und zu geht der Vorhang auf, immer dann, wenn ich Besuch habe oder jemand anruft. Dann merkt mir niemand an, dass es mir nicht gut geht. Aber hinter dem Vorhang ist alles ganz anders. Dabei weiß ich selbst nicht, was davon eigentlich mein wirkliches Leben ist. Hinter dem Vorhang ist das Leben mühselig, aber ich bin froh, dass ich nicht ständig eine Rolle spielen muss. Andererseits will ich mich auch nicht gänzlich zurückziehen, so lange ich ja noch hier lebe.

Und dann ist da noch der kleine tastende Engel von Paul Klee, den Du mir einmal als Weihnachtsgruß geschickt hast. Der sitzt im Augenblick ängstlich in einer dunklen Ecke und sieht sich das alles an. -

14.11.03

Ich habe ja schon lange erfahren, dass der Weg der Nachfolge nicht leicht ist, aber ich habe immer gehofft, dass mir das Letzte erspart bleiben würde, dass ich einmal sagen würde: Mein Gott, warum hast Du mich verlassen?

Ich konnte mir einfach nicht vorstellen, dass mir bei allen Schwierigkeiten einmal das Gefühl von Geborgenheit verloren gehen könnte. Aber nun ist mir das nicht erspart geblieben. Nun weiß ich, wie das ist. Ich stelle mir die Frage, ob denn alles Vertrauen und alle guten Erfahrungen nur Einbildung waren.

Ich versuche mir vorzustellen, wie das bei Jesus war. Ich erleide zwar nicht die Schmerzen einer Kreuzigung, sondern einer Kieferoperation, damit habe ich schon einige Erfahrungen gemacht, aber ohne das Gefühl von Geborgenheit bei Gott ist es so schwer. Wird es auch für mich noch eine gute Zeit danach geben?

23.12.03

Es wird Weihnachten und ich habe den Eindruck, dass es wieder einmal so ganz anders sein wird. Ich denke daran, wie wir unseren Meditationskurs begonnen haben mit Maria, die durch einen Dornwald geht. Ich fühle mich so sehr wie Maria. Besonders in der Nacht sind die Nervenschmerzen an Armen und Beinen so, als ginge ich durch Dornengestrüpp. Von den Rosen sehe ich nichts. (Aber vielleicht können ja andere die Rosen daran erkennen?) Gleichzeitig geht es mir aber auch so wie Maria am letzten Tag vor der Geburt, wo sie sich nichts sehnlicher wünscht, als endlich einen Ort zu finden zum Hinlegen und Ausruhen, damit ihr Kind geboren werden kann. Andererseits fühle ich mich auch wie das Kind, das sich durch den schrecklich langen und engen Geburtskanal quält, das ahnt, dass es am Ende hell sein wird. Aber wann wird es so weit sein? Geburt und Sterben sind wirklich sehr ähnlich: langes Warten, Mühsal, Wehen und nicht genau wissen, was am Ende sein wird, nur die Gewissheit, dass Gott da ist, so oder so.

Am Heiligabend werde ich allein sein. Das habe ich mir so gewünscht. Meine Kräfte reichen nicht für viel Trubel, auch wenn es schön ist. Ich musste nur meiner A versprechen, dass ich sie anrufe, wenn ich das Alleinsein doch nicht aushalte. Dann holt sie mich, wann immer ich es möchte. Ich empfinde es als ein ganz großes Geschenk, dass meine Kinder für mich da sind, wenn ich sie brauche, aber dass sie mir auch die Freiheit lassen, die ich brauche.

Am 2. Feiertag sind wir dann alle zusammen bei A, die ganze Familie, so wie es früher bei mir im Haus war. -

24.12.03

Ich erinnere mich noch sehr genau an ein Weihnachtsfest aus meiner Kinderzeit: Die Kerzen am Weihnachtsbaum brannten, da waren die Geschenke, das schöne gemeinsame Essen, Weihnachtslieder im Radio. Mir war so, als hätte sich die Welt verändert und alles ist nur noch wunderschön. Aber ich war groß genug, dass man erwarten konnte, dass ich meiner Mutter nach dem Essen in der Küche helfe. Als ich vom Weihnachtszimmer in die Küche kam und sah, dass da alles noch ganz normal aussah mit dem schmutzigen Geschirr, war das für mich ein entsetzlicher Schock.

Mir war plötzlich klar, dass die ganze Weihnachtsstimmung nur eine Illusion ist und sich die Welt überhaupt nicht verändert hat. Der Schock war so tief, dass ich mich heute nach 70 Jahren noch genau daran erinnere.

Nun ist wieder Weihnachten. Und wie ist es heute? Das erste Mal ohne Weihnachtsbaum. Die Kerzen am Adventskranz, aber sonst ist es so wie an jedem anderen Tag. Und doch ist da der Gedanke, ob nicht doch vielleicht etwas anders ist. Ich gehe den Weg der Maria hautnah mit, so wie ich denke, dass es wirklich war ohne alle Romantik: die Dornen, die Mühsal, die Ungewissheit, die Ungeborgenheit. Aber ich habe mir das Grotten-Krippenbild aufgestellt. Das ist mir so vertraut und es gibt mir doch eine große Geborgenheit. Ich bin auch da mittendrin in der Enge, aber auch in der Geborgenheit mit dem Kind.

Und dann ist da ja noch das ganz große Geschenk für mich: dass ich Dir das alles schreiben kann. Dadurch weiß ich, dass das, was ich erlebe, Wirklichkeit ist, auf einer anderen Ebene, aber doch wirklich und ganz „normal". -

Ich denke an Euch, an meine Kinder, an die Menschen, mit denen ich verbunden bin. -

Eben hat meine Enkelin angerufen und gefragt, ob es mir gut geht oder ob sie mich doch lieber holen soll. Eine Pute brät im Ofen, aber auch die lockt mich nicht. Es ist in Ordnung so wie es ist.

25.12.03

Heute ziehen mich die Hände der Maria auf dem Grotten-Krippenbild immer wieder an. Es kommt mir so vor, als würden die Fingerspitzen ihrer rechten Hand den Grottenrand durchbrechen, als überschritten sie die Grenze zwischen Himmel und Erde, als ginge ein Segensstrom vom Himmel durch ihren ganzen Körper in die linke Hand und breitet sich von dort in den Lebensraum der Menschen und Tiere aus. Und für einen Augenblick war mir so, als würde ich in einen Spiegel sehen, wenn ich die Maria ansehe. Vielleicht hört es sich wieder einmal ganz verrückt an, es kommt mir aber gar nicht ungewöhnlich vor. Je länger ich das Bild ansehe, um so mehr Ähnlichkeit entdecke ich: auch die Maria ist in ihrem Lebensbereich so eingeschränkt, dass sie nicht hoch erhobenen Hauptes durchs Leben gehen kann. In der Situation sehe ich nichts vom Lobgesang der Maria. Und doch ist es gut so wie es ist.

26.12.03

Heute werden wir mit der ganzen Familie zusammen sein. Ich freue mich darauf. So habe ich auch die Gelegenheit, diesen Brief in den Briefkasten zu stecken. Darum möchte ich nun abschließen mit vielen Grüßen und guten Wünschen auch für den neuen Jahresbeginn.

20.1.04

Vor einigen Tagen hatte ich einen Termin bei einem Nervenarzt. Es war noch einmal ein Versuch, irgendwie eine Hilfe zu finden. Ich habe auch Vertrauen zu ihm. Er hat mich gründlich untersucht, die Ursache meiner Beschwerden aber auch nicht gefunden, aber er wird versuchen, die Symptome ein bisschen zu lindern. Ich weiß gar nicht, ob ich mich über das Ergebnis nun freuen soll oder nicht.

Aber nun habe ich in der Nacht etwas erlebt, was mir hilft, meine Gelassenheit wiederzufinden:

Als ich im Bett lag und die Schmerzen wie ein Strom durch den Körper gingen, fühlte ich nach langer Zeit einmal wieder, wie die Schmerzen sich verwandelten in eine große Zärtlichkeit. Gottes ganz große Liebe war für mich körperlich spürbar und deckte mich zu wie eine warme Decke.

Wenn ich so etwas erlebe, traue ich mich gar nicht mehr zu bitten, dass Gott mir diese Schmerzen nimmt. Bei den Zahnschmerzen war das ganz anders. Dagegen musste ich natürlich etwas tun. Aber was jetzt noch da ist, ist so anders. Dagegen habe ich nun Tabletten bekommen, die ich ganz vorsichtig ausprobieren soll, um zu sehen, ob sie mir helfen und wie stark die Nebenwirkungen sind. Ich denke, ich werde dann auch sehen, was für mich das richtige ist. Das Wichtigste ist mir, mein inneres Gleichgewicht wiederzufinden. Ich habe den Eindruck, dass ich dem schon wieder ein bisschen näher gekommen bin.

Heute gibt es keinen besonderen Grund zum Schreiben, ich möchte mich nur einmal wieder bei Dir melden. Die Tage gehen dahin, einer nach dem anderen, so sind seit meinem letzten Brief schon wieder mehr als fünf Wochen vergangen.

In der Nacht fühle ich mich oft, als wäre ich gefangen in einem toten Körper, wie in einem Gefängnis, aus dem ich mich befreien möchte. Aber am Morgen, wenn ich richtig wach bin, weiß ich, dass es meine Aufgabe ist, für meinen Körper zu sorgen, so gut es geht. Es fällt mir jeder Schritt und jeder Handgriff schwer, aber ich bin froh, dass ich das noch tun kann.-

Ich habe ja schon manchmal erlebt, dass Gott mir ganz nah gekommen ist, so als wären Himmel und Erde gar nicht so weit voneinander entfernt. Und jetzt habe ich den Eindruck, als könnte ich selbst manchmal den Vorhang zwischen Himmel und Erde einen kleinen Spalt beiseite schieben, so dass ein Lichtstrahl auf die Erde fällt. Wir haben einmal darüber gesprochen, wie das ist, mit erhobenen Armen zu beten, und Du hast gesagt, ich soll das doch selbst mal ausprobieren. Seitdem habe ich den Eindruck, man kann mit den Händen des Herzens wirklich den Himmel berühren.-

Früher habe ich mir vorgestellt, dass das Sterben ein abrupter Vorgang ist, dass wir von einem Augenblick zum anderen durch die Tür gehen, die Himmel und Erde voneinander trennt. Aber jetzt habe ich den Eindruck, dass das ein allmählicher Vorgang ist, dass das Hier und Dort gar nicht so radikal voneinander getrennt ist, sondern dass Gott uns ganz allmählich an das Dort gewöhnen will. Aber es geht wirklich nur ganz allmählich. Noch kommen solche Gedanken selten und dann möchte ich sie Dir schreiben. Aber ich weiß dann, dass es schon bald wieder anders ist und ich ganz und gar im Hier lebe. Aber es geht mir auch dann nicht wieder ganz verloren. Wie lange wird es noch so gehen? Ich wünsche mir sehr, ich wäre bald am Ziel, aber ich denke doch, es wird noch eine Weile dauern. Aber Gott wird uns ja nicht mehr zumuten, als wir ertragen können, und wahrscheinlich kann man viel mehr ertragen, als man denkt.-

In den ganz alltäglichen Dingen hat Gott wohl auch seine ordnende Hand im Spiel. Seit diesem Winter wohnt R bei mir und ich habe das Glück, dass ich nicht mehr Schnee fegen muss. Jetzt in den Semesterferien war er drei Wochen in China. Während der Zeit hat es kaum geschneit. Aber gestern Abend, als er nach Hause kam, fing es an zu schneien. Da konnte ich heute morgen die ganze weiße Pracht in meinem Garten genießen ohne die Sorge um das Schneefegen. Diese kleinen Dinge sind auch ein Zeichen für mich, dass Gott mich nicht aus den Augen lässt. Sicher kann man es albern finden, dass ich das so sehe, aber ich lebe gut damit.

14.3.04

Ich wundere mich, wie intensiv ich die Kirchenjahreszeiten manchmal erlebe. Im Garten suche ich jeden Tag nach Frühlingszeichen, weil ich mir Wärme und Blumen wünsche. Die ersten Blüten sind schon ganz vorsichtig da, aber es ist noch kalt und lange nicht Sommer. Wir sind in der Passionszeit – ich auch.

Die Weihnachtszeit ist lange vorbei, darum habe ich mich erst einmal von meinem Grotten-Krippenbild getrennt und wollte mir etwas Passendes für die Passionszeit und für meine Befindlichkeit heraussuchen. Für das Auferstehungsbild ist es zu früh. Aber da habe ich noch die Ikone vom Gnadenstuhl[61], ein Bild, das ich gar nicht mag. Ein Vater, der zwar das Kreuz seines Sohnes trägt, aber ihn darauf festgenagelt lässt, das finde ich unerträglich. Aber nun habe ich mir das Bild doch aufgestellt und möchte abwarten, was es mit mir macht und es einfach aushalten.

---

[61] Vgl. 4. Übungsfolge: Gnadenstuhl. Landgrafenpsalter, Anfang des 13. Jh., Landesbibliothek Stuttgart, HB II 24, 172v, als Ansichtskarte gedruckt vom Beuroner Kunstverlag (Nr. 4391).

19.3.

Das Bild zieht mich immer wieder an, wie ein Magnet. Und jetzt ist es mir wie ein Spiegel geworden. Es ist auch meine Situation. Ich fühle mich festgenagelt auf meinem Kreuz. Dass Gottes Hände das Kreuz halten, sehe ich als Zeichen, dass es sein Kreuz ist. Es ist so, als wollte er mir damit sagen: ich will es so. Obwohl ich nicht verstehe, warum das so sein muss, habe ich doch den Eindruck, dass ich es leichter ertragen kann, wenn ich weiß, dass es von ihm kommt. Dann kann ich mich nicht dagegen wehren, aber ich muss es auch nicht. Gott hat so viele verschiedene Gesichter und wir können uns nicht aussuchen, welche Seite er uns im Augenblick zuwendet. Auf meine Fragen, warum denn alles so sein muss, werde ich wohl keine Antwort bekommen, aber ich möchte wenigstens glauben können, dass es irgendeinen Sinn hat.

20.3.

Seit meinem Unfall ist es jetzt das vierte Mal, dass ich die Passionszeit erlebe. Jedes Mal ist es die intensivste Zeit des Jahres und jedes Mal wünsche ich mir, dass nach der Dunkelheit auch für mich eine Auferstehung kommt, in irgendeiner Form.

27.3.04

Bei unserem letzten Gespräch hast Du etwas vom Kämpfen gesagt, und ich habe auch selbst den Eindruck, dass ich kämpfe. Aber seitdem Du es gesagt hast, denke ich viel darüber nach, wogegen ich eigentlich kämpfe. In der Nacht ist es immer am schlimmsten. Das verstehe ich eigentlich gar nicht, denn die letzte Stunde des Tages gehört für mich meistens der Stille und dem Gebet. Ich schlafe auch ganz bewusst mit dem Gedanken ein, mit Gott im Frieden zu sein und bereit für alles, was er mit mir vorhat. Ich denke an den Meditationskurs in der Passionszeit, als wir mit ausgebreiteten Armen am Boden lagen. Das war so ein wunderbares Gefühl von Freiheit und Verletzbarkeit vor Gott.

Das mache ich mir jeden Abend vor dem Einschlafen deutlich. Mir geht es dabei wirklich gut und trotzdem findet oft nachts ein Kampf statt. Es sind wohl auch meine körperlichen Beschwerden, aber da ist bei mir der Gedanke aufgetaucht, dass ich es gar nicht bin, die kämpft, sondern dass da in oder auf mir (ich weiß es selbst nicht so genau) ein Kampf stattfindet, der gar nicht direkt mit mir zu tun hat. Ich hatte ja schon einmal in der Nacht ein ganz starkes Bild von einem Kampf, nachdem ich mich wie ein verwüstetes Schlachtfeld fühlte, obwohl ich an dem Kampf gar nicht selbst beteiligt war. -

Jetzt bemühe ich mich, das sinnlose Fragen nach dem Warum los zu lassen und einfach wieder so zu leben, wie es eben geht. Ich hoffe, dass ich dann allmählich meine Gelassenheit im Alltag wiederfinde und mich wieder über die kleinen schönen Dinge freuen kann. Ob das dann von Dauer sein wird, weiß ich nicht, denn ein ständiges Auf und Ab scheint ja wohl zu mir zu gehören. Damit werde ich wohl leben müssen. Und wenn es dunkel ist, brauche ich eben immer mal wieder ein Gespräch mit Dir. Ich hoffe sehr, dass mir die Möglichkeit erhalten bleibt. Danke dafür! -

Jetzt in der Passionszeit kommen doch immer wieder die Fragen, warum denn das Leiden sein muss. Da tauchte bei mir der Gedanke auf, dass das Ungute in der Welt nur durch Leiden verbrannt werden kann. Ich finde den Gedanken so absurd, aber vielleicht ist es ja wirklich so. Gottes Gedanken sind so anders als unsere. So war es bei Jesus. Dass Paulus meinte, er müsste dieses Werk noch fortsetzen[62], finde ich im Augenblick gar nicht mehr so unmöglich. Vielleicht sucht Gott sich ja auch heute noch Menschen aus als Opferschalen, in denen er das, was die Menschen von ihm trennt, durch Leiden verbrennt. Vielleicht auch als stellvertretendes Leiden. Könnte das vielleicht eine Antwort

---

[62] Kolosser 1,24

auf meine Warum-Fragen sein? Ich hatte ja gar keine Antwort von Gott erwartet, aber vielleicht gibt er sie ja manchmal doch. Aber bis jetzt ist mir das alles noch so fremd, dass ich die Gedanken lieber beiseite legen möchte. Vielleicht verstehe ich es später einmal besser.-

Heute hat sich für mich das Ikonenbild vom Gnadenstuhl verändert. Es geht nicht mehr um das Vater-Sohn-Verhältnis. Meine Meinung darüber ist auch gar nicht gefragt. Heute habe ich den Eindruck, dass Gott den Kreuzbalken vor sich hält, wie eine Barriere. „Kein freier Zugang zu mir, nur über dieses Leid" scheint es zu bedeuten. Das ist erst einmal eine neue Sichtweise. Aber grundsätzlich ist es ja doch nicht so neu für mich. Wo geht das noch hin? Ich denke (fürchte), dass dieser Erkenntnisweg noch nicht zu Ende ist für mich. Ich habe nicht wirklich Angst davor, vielleicht ist es das, was in der Bibel mit Furcht und Zittern gemeint ist, wenn Gott den Menschen sehr nahe gekommen ist. -

5.4.03

Mir geht es eigentlich nicht so wie vielen alten Menschen, dass sie sehr in der Vergangenheit leben. Aber heute tauchten so einige Punkte von früher auf: Als ich zum ersten Mal das „Komm" so deutlich gehört habe und mein Weg der Nachfolge ganz bewusst begann. Dann der Tag in Breklum, als ich so direkt erlebt habe, was Jesus zu Petrus gesagt hat: man wird dich binden und dich führen, wohin du nicht willst[63]. Dann vor drei Jahren, als ich auf so schreckliche Weise Kreuzigung erlebt habe. Und immer wieder habe ich hinterher gedacht, wenn nur das eine niemals geschehen möge, dass auch ich sage: mein Gott, warum hast du mich verlassen. Das schien mir das Schrecklichste zu sein. Und nun steht die

---

[63] „Da du jünger warst, gürtetest du dich selbst und wandeltest, wohin du wolltest; wenn du aber alt wirst, wirst du deine Hände ausstrecken, und ein anderer wird dich gürten und führen, wohin du nicht willst." Johannes 21,18

Ikone vor mir und macht mir deutlich: Gott hat sich hinter eine Barriere zurückgezogen. Es ging immer weiter auf dem Weg der Nachfolge und ich erlebte immer weiter das, was ich meinte, nicht aushalten zu können. Merkwürdig finde ich, dass ich es gar nicht mehr so widersprüchlich empfinde, dass Jesus trotzdem noch sagen konnte: in deine Hände befehle ich meinen Geist. -

Bei allem, was in der letzten Zeit mit mir geschehen ist, ist mir noch einmal sehr deutlich geworden, dass wir alles, was wir mit Gott erleben, überhaupt nicht beeinflussen können. Wir können bereit sein, aber mehr auch nicht. Du hast das bei unserem Meditationskurs schon gesagt. Wie wahr das ist, merke ich im Augenblick wieder einmal sehr deutlich. Wenn Gott sich von mir für eine Weile zurückzieht, ist das eine sehr traurige Erfahrung, aber es bringt mich nicht mehr zur Verzweiflung wie früher. Heute weiß ich, dass er ja trotzdem noch da ist, wenn auch für mich nicht spürbar. -

15.4.

Ostern ist vorbei. Eigentlich bin ich froh, dass wieder Alltag ist. Es ist ja auch unsinnig, irgendetwas Besonders zu erwarten, nur weil auf dem Kalender „Ostern" steht. Morgen kommt meine B zum Frühstück und wir haben im Garten einiges zu tun. Dann wird sie diesen Brief mitnehmen. Ich hoffe, Ihr habt schöne Urlaubstage erlebt und die Arbeit macht wieder Freude.

1.5.04

In der Nacht habe ich den Eindruck, dass mein ganzer Körper nur aus Schmerzen besteht. Da fielen mir die ersten Verse bei Jesaja ein. So zerschlagen fühlte ich mich, aber doch habe ich den Eindruck, dass das nichts mit mir persönlich zu tun hat, sondern etwas Stellvertretendes ist. Aber ich verstehe es nicht.

Kürzlich kam mir der Gedanke, dass es im Augenblick um einen bestimmten Menschen geht, für den ich schon seit einigen

Jahren bete, mit dem ich aber gefühlsmäßig nicht verbunden bin. Wenn es um meine Kinder oder Enkel ginge, könnte ich gut verstehen, dass ich gefühlsmäßig beteiligt bin und mitleide. Aber so geschieht es auf einer anderen Ebene. Vor einiger Zeit hatte ich schon einmal nachts erlebt, dass eine große Schar von Engeln um ihn kämpfte und ich mich danach wie ein verwüstetes Schlachtfeld fühlte. Vor einigen Tagen hatte ich einen sehr intensiven Traum: ich war mit diesem Menschen zusammen und er erzählte mir etwas aus seinem Leben. Plötzlich war Gott da und die Situation war sehr bedrohlich. Ich habe mich dazwischen geworfen und Gottes Hand festgehalten und gebettelt, dass er diesem Menschen noch eine Chance geben möge. Als ich aufwachte, war ich völlig erschöpft, obwohl es nur ein Traum war. Einige Tage später rief mich seine Frau an und sagte mir, dass ihr Mann im Krankenhaus liegt. Er ist ohne ersichtlichen Grund auf dem Bahnhof zusammengebrochen. Aber zwei Tage später rief er selbst mich schon wieder von zu Hause an. Es geht ihm gut und die Ärzte haben nichts gefunden. Ich habe diesen Zwischenfall als einen Fingerzeig Gottes gesehen, aber wenn er es selbst nicht so sieht, kann ich es ihm doch nicht sagen. Warum geschieht mir so etwas, wenn es doch niemandem hilft? Manchmal möchte ich ganz weit weglaufen und nichts mehr sehen und hören. Aber da ist der 139. Psalm[64] und ich weiß ja selbst, dass ich Gott nicht weglaufen kann. Und wie könnte ich denn auch leben, wo er nicht ist? Es ist alles so unverständlich und ich wünsche mir jemanden, der mir das alles erklären kann.

Wenn es besonders schlimm ist, erlebe ich ab und zu Augenblicke, wo die Schmerzen sich verwandeln in unbeschreibliche

---

[64]   V. 9 – 12: „Nähme ich Flügel der Morgenröte und bliebe am äußersten Meer, so würde auch dort deine Hand mich führen und deine Rechte mich halten. Spräche ich: Finsternis möge mich decken Nacht statt Licht um mich sein – so wäre auch Finsternis nicht finster bei dir, und die Nacht leuchtete wie der Tag, Finsternis ist wie das Licht."

Zärtlichkeit, so wie ich sie nie im Leben erfahren habe. Und dann ist für einen Augenblick alles nur noch gut. Aber das macht alles nur noch unerklärlicher.

6.7.04

Nun habe ich Dir schon länger als zwei Monate nicht mehr geschrieben. Seitdem habe ich den Eindruck, dass mein Leben nur noch aus Alltag besteht. Alle Kräfte brauche ich immer wieder, jeden Tag, jede Nacht, um wieder den nächsten Tag zu bestehen. Und da waren so viele Fragen! Aber ich hatte den Eindruck, dass Du jetzt andere Dinge zu tun hast. Darum mochte ich Dir nicht schreiben. Aber heute habe ich etwas entdeckt, was meine Gedanken in eine andere Richtung bringt. Daran möchte ich Dich gern teilhaben lassen:

Mir fiel die Geschichte vom verlorenen Sohn ein. Es ist so eine wunderbare Geschichte, wie der Vater den verlorenen Sohn in die Arme nimmt. Aber da ist auch der zweite Teil. Es hat mich schon immer fast wütend gemacht, dass der Vater mit dem zurückgekommenen Sohn feiert, während der Bruder derweil auf dem Feld arbeitet. Nun habe ich heute entdeckt, dass sich meine Meinung darüber geändert hat, ohne dass ich es bemerkt habe.

Mein Leben besteht ja jetzt auch nur noch aus Alltag, ohne Feiern und Feste. Wenn ich mich darüber beklagen würde, hätte Gott wohl auch zu mir gesagt: Du bist doch alle Tage bei mir. Und wie viel das bedeutet, wird mir jetzt erst wirklich klar. Und da sind mitten im Alltag ab und zu winzig kleine Zeichen, Berührungen irgendwie, mit denen Gott mir sagt: Ich bin doch da! Äußerlich ändert sich damit nichts, die Schmerzen bleiben nach wie vor. Aber doch sind diese Zeichen wie kleine kostbare Perlen. Ich möchte sie festhalten, aber das geht nicht. So versuche ich, diese Augenblicke zu genießen, sie ganz tief in mich hineinfallen zu lassen. So wie ich immer schon schöne Erlebnisse sehr tief in mich hinein genommen habe, so dass ich jetzt, wo ich das alles praktisch nicht mehr habe, davon zehren kann. So hoffe ich, dass die vielen kleinen Perlen in mir irgendwie weiter wirken und mich verändern. -

18. Juli 2004

Danke für Deinen schönen und inhaltsreichen Brief vom 6. Juli. Da wir schon grundsätzlich einmal darüber gesprochen hatten, habe ich mir erlaubt, Deine Meditation zum älteren der beiden Brüder bei unserer Hausandacht vorzulesen. Du hast mir also ein doppeltes Geschenk gemacht mit dieser Meditation – für mich und zum Weitergeben an die Mitarbeitenden beim Gemeindedienst! Ich wünsche und erbitte für Dich, dass dieses „Du bist doch alle Tage bei mir!" als Gottes Wort in Deinem Herzen kraftvoll spricht, gerade in mühsamen und schmerzerfüllten Augenblicken Deines Alltags.

Es ist für mich sehr schön, dass Du Dein langes Schweigen mit diesem Brief beendet hast. Wo bist Du mit den vielen Fragen geblieben, die Dir in den beiden Monaten gekommen sind? Haben sie von allein – in Dir selbst – eine Antwort gefunden?

Auch wenn Du den Eindruck hast, dass ich viel und andere Dinge zu tun habe: lass Dich bitte davon nicht abhalten, mir zu schreiben. Manchmal kann ich zwischendurch ganz gut telefonieren oder wenigstens an Dich denken.

22.7.04

Heute kam Dein Brief und ich muss Dir gleich darauf antworten, obwohl ich weiß, dass Du diesen Brief erst in zwei Wochen lesen wirst, wenn Du von Eurer Pilgertour zurückkommst. Aber ich muss Dir einfach jetzt gleich sagen, wie sehr ich mich gefreut habe und und welche Erleichterung Dein Brief für mich war!

Du fragst, wo ich mit meinen Fragen geblieben bin. Sie hatten sich gerade am Morgen, bevor Dein Brief kam, gelöst. Es sind nicht konkrete Fragen, die ich klar formulieren kann, sondern es ist das große Fragezeichen über meinem Leben, die Frage danach, warum ich das Leben so anders sehe als die Menschen in meiner Umgebung, was mich ja eigentlich so einsam macht. Manchmal kann ich das so schwer ertragen. Du warst der einzige Mensch, der mich da herausholen konnte. Darum hatte ich Dich inzwischen einmal angerufen, obwohl ich eigentlich nicht sagen konnte, was ich gern sagen wollte. Ich hatte nur die stille Hoffnung, Du würdest es vielleicht auch so verstehen. Aber diesmal funktionierte unsere innere Verbindung nicht. Mir war wieder einmal klar, dass wir auch das beide nicht in der Hand haben. Ich bin davon überzeugt, wenn Du gewusst hättest, wie ich mich gefühlt habe, dann hättest Du noch Zeit gefunden für ein Gespräch. Da kam bei mir die Angst hoch, Gott würde mir wieder einmal den Menschen nehmen, den ich gerade so dringend zu brauchen glaubte. Aber nun ist alles wieder in Ordnung. Schon bevor Dein Brief kam, hatte ich zwar keine Antwort auf meine Warum-Fragen bekommen, sondern wie es so oft geht, habe ich den Eindruck, dass ich die Frage nicht mehr stellen muss, weil ich gewiss bin, dass es in Ordnung ist, so wie es ist. Ab und zu brauche ich mal diese Bestätigung, und Du bist schon oft derjenige gewesen, der mir zu dieser Gewissheit verholfen hat.

Ich selbst fange immer mal wieder an zu zweifeln, ob alles, was ich erlebt habe, denn wirklich so ist, weil es mir selbst manchmal hinterher so unwirklich vorkommt, so als hätte ich mir das eingebildet. Denn es passt so gar nicht in das „wirkliche" Leben. Aber was ist denn eigentlich das wirkliche Leben? Heute Morgen habe ich nun noch einmal im Rückblick sehr deutlich erlebt, wie massiv Gott schon so viele Jahre in mein Leben eingegriffen hat, so dass meine Zweifel an der Wirklichkeit erstmal keinen Platz mehr haben. Und dann kam Dein Brief und alles ist wieder richtig gut! Danke dafür! -

Es ist tröstlich für mich, dass meine Briefe nicht nur für mich durch das Aufschreiben gut sind, sondern ein bisschen manchmal auch für Dich oder für andere.

26.7.04

Früher habe ich die Geschichten der Bibel gelesen, jetzt lebe ich sie. Mir fallen immer wieder zu den Dingen, die ich erlebe, Parallelen aus der Bibel ein.

In der vergangenen Nacht, als ich wie so oft im Bett saß und nicht wusste, wie ich mit meinen undefinierbaren Schmerzen umgehen soll, kam mir der Gedanke an eine Kelter. In einer Kelter zu sitzen ist schrecklich, aber mir war so. Im alten Testament ist das Keltern eine fröhliche Sache, ein Erntevorgang und das Ergebnis ist der Wein. Mit dem Gedanken konnte ich dann einschlafen. Aber wo ist bei mir der Wein? Was bedeutet das Keltern, wenn es keinen Wein gibt? Wieder ein Fragezeichen zu den vielen anderen. So habe ich heute in der Bibel noch einmal nachgelesen und bin auf die große Kelter des Zornes Gottes gestoßen, in der Offenbarung. Aber das will ich nicht weiter denken. Das kann ich nicht ertragen.

Da ist es schon verständlicher, was ich vor vielen Jahren erlebt habe: Bei einem Besuch in Mecklenburg hatte ich ein Häuschen gesehen, schon ganz eingewachsen von Wein. Das sah schön aus, aber er hatte noch nie Früchte getragen. Als ich vor ca. 20 Jahren in mein Haus einzog, pflanzte ich mir einen Weinstock an die Südseite. Der Gärtner sagte mir, wenn ich Früchte ernten will, muss ich ihn in jedem Frühjahr bis auf einen Meter über der Erde zurück schneiden, so lange, bis der Stamm stark genug ist. Der Weinstock wuchs wunderbar, aber in jedem Frühjahr musste ich die schönen Triebe radikal zurück schneiden. Das tat jedes Mal weh. In einem Jahr fiel es mir so schwer, dass ich mir überlegte, ob ich nicht lieber auf die Früchte verzichten und ihn wachsen lassen soll. Dann habe ich aber doch wieder geschnitten. Danach wollte er dann nicht mehr ausschlagen. Jeden Morgen habe ich zuerst einmal nach meinem Weinstock gesehen, ob er nicht doch wieder einen neuen Trieb bekommen hat. Und endlich schlug er dann wieder aus. In dem Jahr hat er seine ersten Trauben getragen, jetzt war sein Stamm stark genug zum Früchtetragen. Seitdem denke ich manchmal, ob es Gott vielleicht auch so weh tut, wenn er uns beschneidet, damit wir Früchte tragen?

28.7.04

Gestern Abend, als es allmählich dunkel wurde und nur noch ab und zu ein Vogel in der Hecke leise piepste, lag ich noch auf meiner Terrasse. Es war still, aber es war keine friedliche Abendstille, es lag eine merkwürdige Spannung in der Luft. Mir fiel ein Satz aus dem Römerbrief ein: auch die Kreatur harrt auf das Offenbarwerden der Kinder Gottes[65].

Mir war so, als würde Gott auf die Erde herunter sehen und von seinen Menschen etwas erwarten. Aber die Menschen merken es nicht, sondern sind mit anderen Dingen beschäftigt. So war die Luft ganz erfüllt von Gottes großer Traurigkeit. -

2.8.04

So möchte ich diesen Brief heute abschließen. Wann er bei Dir ankommt, weiß ich noch nicht. Es ist allgemeine Urlaubszeit und das heißt, dass sich selten jemand findet, der den Brief mitnehmen könnte.

17.8.04

Ich weiß gar nicht, wie viele Briefe ich Dir schon geschrieben habe und jeder ist eine Momentaufnahme aus meinem Leben. Ich weiß auch gar nicht, ob man daraus einen „roten Faden" erkennen kann, einen Weg, den Gott mit mir gegangen ist. Für mich sind es nur zusammenhanglose Momente, die ich erlebt habe, die durch das Aufschreiben noch einmal sehr deutlich geworden sind. Aber wenn ich einen Brief dann abgeschickt habe, ist es mir so, als hätte ich etwas sehr Persönliches von mir weggegeben

---

[65] Römer 8, 19

und danach ist wieder Alltag. Aber vielleicht ist es ja auch gut so, um wieder frei zu sein für etwas Neues. Das Loslassen ist ja sowieso meine Hauptbeschäftigung. Bisher waren alle Bilder und Gedanken immer neu. Aber jetzt hat es zum ersten Mal eine Fortsetzung gegeben:

Bei unserem Meditationskurs haben wir eine Schale aus Ton geformt. Ich habe mich mit meiner Schale damals sehr stark identifiziert. Aber in einer Nacht habe ich geträumt, ich hätte diese Schale zerbrochen, weil ich mein Leben so nicht mehr wollte. Darüber war ich dann selbst sehr erschrocken. Später tauchte in einem Bild eine andere Schale auf, eine sehr schöne, kostbare, die auf einem Altar stand. Das ist schon so lange her und ich hatte es damals auch bald wieder vergessen. Jetzt tauchte diese Schale plötzlich wieder auf. Sie stand wieder auf einem Altar und diesmal brannte ein Feuer darin. Es war wie im alten Testament, ein Brandopfer für Gott.

Du hast mir vor langer Zeit einmal gesagt, ich sollte meine Bilder ansehen, sie dann aber wieder loslassen. Aber es taucht doch immer wieder einmal die Frage auf, was denn das alles zu bedeuten hat. Früher habe ich manchmal gedacht, Gott bereitet mich auf irgendetwas vor. Aber jetzt kann ich das nicht mehr so sehen. Es ist bei mir so eng geworden, so dass ich mir manchmal nur noch wünsche, es möge alles möglichst bald zu Ende sein. Vielleicht wäre es leichter, wenn ich den Sinn verstehen könnte. Mir ist so, als würde ich mein Leben gar nicht mehr selbst leben, sondern werde zu irgendetwas benutzt, ohne zu verstehen. Vielleicht gilt ja auch für mich das, was Jesus einmal zu Petrus gesagt hat: „Wenn du alt wirst, wird man dich binden und führen, wohin du nicht willst"[66]. Von der wunderbaren Freiheit der Kinder Gottes, die ich früher empfunden habe, ist nichts mehr da. Aber trotz allem gilt immer noch die Zusage: du bist doch alle

---

[66] Johannes 21,18

Tage bei mir. Es ist ein merkwürdiger Zustand. Ich würde gern wissen, ob Du weißt, was das alles zu bedeuten hat. Manchmal sieht man Dinge ja viel klarer von außen, als wenn man selbst darinnen steckt.

18.8.04

Es hat sich noch niemand gefunden, der diesen Brief in den Kasten steckt. Darum kann ich Dir gleich noch schreiben, wie mir heute Nacht so etwas wie eine Antwort gekommen ist. Ich dachte an Maria. Sie war auch eine einfache, ganz normale Frau. Als der Verkündigungsengel zu ihr kam und ihr ganzes Leben verändert hat, war sie in der Lage, das großartige Magnificat zu singen. Danach ging ihr Leben ganz normal weiter mit einer unehelichen Schwangerschaft, einer fast zerbrochenen Beziehung, einer ganz primitiven Geburt. Und dann waren wieder einmal Engel da, ganz besonderer Besuch mit kostbaren Geschenken. Und danach wieder das normale Leben: Flucht, Unsicherheit, ein Sohn, der seine eigenen Wege geht und am Ende das Schlimmste, was einer Mutter geschehen kann, sie musste zusehen, wie man ihren Sohn umbringt. Und ich könnte mir vorstellen, wenn Maria sich beklagt hätte über dieses Leben, hätte Gott auch zu ihr gesagt: „Aber du bist doch alle Tage bei mir", so wie er es wohl zu allen Menschen sagt, die Ohren haben zu hören. Aber vielleicht gibt es mit Gott hier gar kein „normales" Leben, sondern immer wieder die Erlebnisse, die man kaum fassen kann und daneben die Zeiten, die man kaum ertragen kann.

Ich hoffe, dass am Ende alles Schwere einmal in ein Grab gelegt wird und am Ende nur das Unfassliche bleibt.

21.9.04

Mir ist gerade wieder das Buch „Denn du bist mein Vater" von Carlo Carretto[67] in die Hände gefallen und ich habe es noch einmal gelesen. Dabei kam es mir so vor, als würde ich es zum ersten Mal lesen. Anscheinend nimmt man das Gelesene nur wirklich auf, wenn es auf Vertrautes stößt. So kam mir manches jetzt so vertraut vor. Es hat mir richtig gut getan und ich fühlte mich nicht mehr so allein. -

Es ist erstaunlich, welche Wirkung ein Wort haben kann, ob gelesen, gehört oder auf andere Weise zugefallen. So ist es mir ja kürzlich ergangen mit dem Wort: „Du bist doch alle Tage bei mir". Das hat sich bei mir ganz tief eingebrannt. Genauso ging es mir einmal in Breklum, als Du zu mir gesagt hast: „Gott liebt dich". Das hatte sich damals auch bei mir ganz tief eingebrannt, obwohl ich es über den Verstand bis heute noch nicht begreifen kann. Ich habe den Eindruck, dass in der Stille die Worte immer weniger werden, bekommen aber immer mehr Gewicht. Wenn ich sehe, wie viel Menschen heute miteinander reden, zu jeder Zeit schon durch das Handy, auf der Straße und im Bus. Und doch habe ich den Eindruck, dass Menschen sich immer weniger verstehen, trotz ständigem Reden immer einsamer werden. Da ist schon die Stille und das Schweigen sehr wichtig. Aber, dass aus der Stille dann die starken und kraftvollen Worte kommen, haben wir wohl trotzdem nicht in der Hand, die kommen wohl nur von Gott und können höchstens durch uns hindurchgehen. Manchmal macht es mich traurig, dass ich so wenig tun kann und tatenlos zusehen muss, wie Menschen mit ihrem Leben nicht fertig werden. Gott will doch, dass allen Menschen geholfen werde und ich wünsche mir oft, ich könnte wenigstens ein kleines bisschen dafür tun. Luther hat doch gesagt: Christen sind Bettler, die wissen, wo es Brot gibt. Diesen „Geheimtipp" möchte ich so gern

---

[67] Herder-Verlag, 1975

weitergeben. Ich muss aber einsehen, dass es richtig ist, was Olav Hanssen gesagt hat, dass es nicht darum geht, Gottes Willen zu tun, sondern ihn geschehen zu lassen. -

Seit meinem Unfall habe ich den Eindruck, dass mein Körper mir fremd ist und eigentlich gar nicht mehr zu mir gehört. Ich bemühe mich, heraus zu spüren, was ihm gut tut, damit ich einigermaßen gut mit ihm zusammen leben kann. Aber es wird allmählich immer schwieriger. Ich fühle mich sehr eingeengt. Es verwandelt sich etwas, fast so wie eine Raupe, die sich verpuppt. Es entwickelt sich so etwas wie ein Schmetterling, der in der Enge darauf wartet, frei zu werden aus seinem Gefängnis und endlich in die Freiheit fliegen kann.

Wie lange wird es noch dauern und was steht mir noch bevor, bis es soweit ist?

6.10.04

Ich möchte Dir gern erzählen, was ich heute morgen erlebt habe:

Ich war bisher der Meinung, dass ich ab und zu einmal Dinge erlebe, die wie Erfahrungspunkte in meinem Leben sind, ohne dass ich einen besonderen Weg erkennen könnte. Heute morgen standen plötzlich viele einzelne Punkte von Erlebnissen der vergangenen Jahre vor mir, so dass ich im Nachhinein doch einen Weg erkennen kann: Vor vielen Jahren hatte ich den Eindruck, dass mein Unterbewusstsein wie ein dunkler Keller ist, zu dem ich keinen Zugang habe. Aber das hat mich auch nicht beunruhigt, weil er fest verschlossen war. Vor fünf Jahren, gleich am ersten Tag unseres Meditationskurses hat sich das geändert. Es kamen allmählich Stück für Stück unverarbeitete Erlebnisse aus meinem „Keller" hoch, die ich dann alle noch einmal durchleben und verarbeiten musste. Eine schreckliche Zeit! Aber dann merkte ich, dass es in meinem Keller nicht mehr dunkel war, sondern hell und aufgeräumt. Ein beruhigender Gedanke, aber es war ein Raum nicht zum Benutzen.

Seit ich in Riechenberg war, sieht es ganz tief in mir aus wie die Krypta, ein Raum, der zu meinem Leben gehört. Und da gab es noch ein Erlebnis: Ich hatte eine Weihnachtskarte mit dem Kind, das auf dem Fußboden lag und den ganzen Raum mit Wärme füllte. So habe ich zum ersten Mal das „Christus in mir" erlebt. Vorher konnte ich mit dem Wort nicht viel anfangen. Und heute morgen war es nun wieder da und füllte den ganzen Raum mit Wärme. Das tut unbeschreiblich gut und gibt mir ein Gefühl von Leben.

So ist allmählich im Laufe von vielen Jahren aus einem dunklen Keller eine Krypta geworden, in der es Leben gibt. Also doch ein Weg, der aus der Entfernung zu erkennen ist. -

Ich hoffe, Du kannst meinen Brief lesen. Das Schreiben fällt mir heute besonders schwer.

15. Oktober 2004

Danke für Deine beiden Briefe der letzten Zeit. Ja, es ist gut, wenn sich manchmal die Schleier lichten und wir die großen Linien der Wege, die Gott uns in unserem Leben führt, erkennen können. Nimm diese Christgeburtskarte als Zeichen meiner Mitfreude. Nach alter Tradition geschieht die Geburt Christi in einer Erdhöhle – Bild für die „Höhle unseres Herzens" – jenes irdene, zerbrechliche Gefäß, das Gottes Mensch gewordenes Licht sich als Wohnung wählt.

Dass Dir selbst Dein Körper immer wieder einmal oder dauerhaft wie ein Gefängnis erscheint, ist nicht ungewöhnlich – leider! Wie gut aber, wenn Du ihn als die Hülle einer Puppe begreifst, in der sich das Neue geschützt entfaltet.

Sei gesegnet und halte Deinen Schmerz über die Hilf- und Heillosigkeit vieler Menschen da aus, wo Christus ihn mit Dir teilt: im Herzen.

Geschrieben auf einer Briefkarte „Die Geburt Christi, Ikone"

24.10.04

Heute ist Sonntag, Auferstehungstag, auch bei mir. Es ist zwar nur eine kleine Auferstehung nach einer schrecklichen Nacht, die mir wieder einmal gezeigt hat, dass es Hölle tatsächlich gibt. Medizinisch ist es einfach zu erklären: ich hatte wieder einmal eine Zahnentzündung, die bei mir ohne Voranmeldung auftritt, und der dann eine sehr schmerzliche Zahnbehandlung folgt. So war es auch am Donnerstag. Danach beginnt wohl der Kampf des Penicillins mit der Entzündung. Die Schmerzmittel schlagen nicht an. In der Sonnabendnacht hatte ich den Eindruck, in der Hölle zu sein. Aber heute morgen stand da an meinem Bett der Engel, der auch zu Petrus im Gefängnis gesagt hat: „Steh auf"[68]. Jetzt sind die Schmerzen erträglich, ich hoffe, ein Zeichen der Heilung. Aber wie lange? Es ist jetzt schon das fünfte Mal, das mir so etwas geschieht. Es ist merkwürdig, dass ich die Dinge nicht einfach nur medizinisch sehen kann. Es geschieht mir ja nichts Ungewöhnliches. Aber wenn da so ein Engel auftaucht, wie von der Karte, die Du mir mal geschickt hast, dann erlebe ich das alles noch auf einer anderen Ebene. Ich denke an Jesus, sein Leiden am Karfreitag, hinab gefahren in die Hölle (nach der alten Fassung des Glaubenbekenntnisses), seine Auferstehung am dritten Tag. Ich bin zwar froh, dass die Schrecken der vergangenen Nacht vorbei sind, aber so richtig freuen kann ich mich gar nicht. In der Nacht hatte ich gehofft, es möge nun endlich alles zu Ende gehen. Ich mag einfach nicht mehr! Aber wenn meine Lebensuhr hier noch nicht abgelaufen ist, wünsche ich mir, dass an kritischen Stellen immer wieder der Engel dasteht und ganz leise sagt: „Steh auf".

---

[68] Apostelgeschichte 12, 7f.

11.11.04

Am Wochenende werdet Ihr in Riechenberg sein und ich werde sicher oft an Euch denken. Als ich vor vier Jahren einmal dort war, hatte ich große Erwartungen, weil einige Leute so begeistert erzählt hatten von einem Aufenthalt in einem Kloster. Und dann war ich enttäuscht von mir, weil gar nichts Besonderes geschehen ist. Aber im Nachhinein sind mir die Tage sehr wichtig geworden. In Gedanken bin ich oft dort, gehe durch die liebevoll eingerichteten Räume und durch den Garten, in dem es so viel zu entdecken gibt. Das ist mir wie ein Stück Zuhause.-

Um etwas Besonderes zu erleben, muss ich wohl nicht in ein Kloster gehen, das geschieht mir auch hier. Mir stellt sich immer wieder die Frage, ob Schmerzen mehr sind als ein Alarmsignal der Nerven. Darin funktionieren sie bei mir nicht mehr. Ich hatte nach meiner Zahnbehandlung vor drei Wochen zwar keine Schmerzen mehr, aber weil ich den Eindruck hatte, dass da irgendetwas nicht in Ordnung ist, hat meine Zahnärztin eine Rundum-Röntgenaufnahme gemacht und eine Kieferhöhlenentzündung festgestellt, die meine HNO-Ärztin jetzt behandelt. Sie hat mich gefragt, wie ich denn die Schmerzen aushalte. Ich habe ja schon lange Schmerzen im ganzen Körper, besonders in den Händen, aber nicht da, wo sie sein sollten, um eine Entzündung anzuzeigen. Tagsüber kann ich relativ gut damit leben, aber nachts ist es manchmal schlimm. Dann versuche ich, mich ganz bewusst in Gottes Hände zu legen und es ihm zu überlassen, was aus diesem Chaos in mir werden soll. Da habe ich kürzlich etwas Merkwürdiges erlebt:

Morgens war mein Körper voller Schmerzen und Gott war auch da. Allmählich konnte ich beides nicht mehr voneinander unterscheiden, es war so, als würden Gott und die Schmerzen identisch sein. Es war nur einen Moment so, aber die Erinnerung daran ist ganz deutlich. Du hast einmal zu mir gesagt, dass Gott mich liebt und ich habe es Dir geglaubt. Seitdem weiß ich es, aber ich hätte nicht gedacht, dass das so realistisch sein könnte, so wirklich hautnah spürbar.

Früher hatte ich Schwierigkeiten damit, dass Gott das Leid zulässt, wenn er aber selbst im Leid und in den Schmerzen ist, identisch damit, das ist menschlich unbegreiflich. Ich habe den Eindruck, Gott macht sich unheimlich viel Mühe, mir das klar zu machen. Und ich bin so froh darüber, dass ich damit nicht allein bleiben muss, sondern es Dir sagen kann, denn ich lebe ja noch in dieser Welt. Manchmal kommt es mir allerdings so vor, als würde ich nicht mehr ganz hier leben, aber auch noch nicht dort, sondern in einem Niemandsland dazwischen. Und das ist mir manchmal unheimlich. Dann tröstet es mich, dass Du da bist.

Warum es so ist, weiß ich auch nicht, aber es ist so und das tut mir gut. Danke dafür!

22.12.04

In zwei Tagen ist Weihnachten. Ich wünschte mir, dass die Feiertage schon vorbei wären, meine Kräfte reichen gerade so für die Mühsal des Alltags und ich habe den Eindruck, die Feiertage erfordern noch mehr Kräfte. Ich möchte die Menschen in meiner Umgebung nicht mit meiner Dunkelheit belasten, darum bin ich am liebsten allein und erlebe das Leben aus der Entfernung.

Aber da war heute morgen plötzlich wiedermal ein Bild: Gott ruft am Erntetag seine Engel zusammen und schickt sie auf die Erde, um die Perlen einzusammeln, die in der Dunkelheit der Muscheln in der Stille gewachsen sind. Er will sie zum Bau seines Reiches gebrauchen. -

Ein tröstliches Bild! Aber die Muschel spürt nichts davon. Für sie ist es nur ein Fremdkörper in ihrem Leib, was für Gott eine kostbare Perle wird. Anscheinend schickt er aber einen Engel zu der Muschel, um ihr dieses Bild ins Ohr zu flüstern, wenn die Dunkelheit unerträglich werden will. Das ist ein kurzes

Aufatmen auf dem langen Weg zum Erntetag. Wie weit wird es noch sein bis zum Ziel? -

Danke für Dein ausführliches Schreiben und die Grüße!

22.1.05

Als ich 60 Jahre alt wurde, habe ich ... mein Leben noch einmal verändert, eigentlich erneuert. Ich habe meine Ehe aufgegeben, bin in dieses Haus gezogen und nach 60 Jahren Abwesenheit in die Kirche zurückgekommen, in der ich getauft wurde. Aber ich wollte mich hier nicht zur Ruhe setzen, sondern mein Leben neu in die Hand nehmen. Meine Kinder waren selbstständig, die Zeit der Versorgung meiner Eltern war vorbei. Da fühlte ich mich frei und stark für etwas Neues. An so etwas wie Ruhestand habe ich damals nicht gedacht.

19.2.05

Vor einigen Tagen habe ich mich nach langer Zeit einmal wieder in der Stille vor eine Kerze gesetzt. Das war mir schon länger nicht mehr möglich gewesen.

Ende Januar sind mir noch einmal zwei entzündete Zähne gezogen worden. Das ist ja eigentlich nicht so schlimm, aber das Bleiben in der Stille war mir einfach nicht möglich, wenn die Nerven im ganzen Körper vibrieren. Aber nun geht es wieder. Es war dann so, als stünde die Kerze nicht vor mir, sondern in mir. Es wurde innen wieder hell und dann war es so, als würde die Quelle in mir wieder leise anfangen zu sprudeln. Diese Quelle hast Du ja am Anfang einmal bei mir frei gegraben, von der ich gar nicht wusste, dass sie da ist. Aber wenn es in mir dunkel ist, sprudelt sie nicht. Da hat mir dann oft ein Gespräch mit Dir geholfen. Aber Dein Anruf am Silvester hat mir diesmal auch nicht geholfen. Es kam einfach nichts bei mir an. Das war eine erschreckende Erfahrung und hat mir wieder einmal gezeigt, dass wir die wirklich wichtigen Dinge nicht in der Hand haben. Du hast mir vor langer Zeit einmal zugesagt, dass Gott mit mir geht durch meine Dunkelheiten. Das ist auch wirklich so. Ich fühle mich auch nicht verlassen, aber es ist dann ein dunkler Gott. So ist es mir aber lieber mit Gott in der Dunkelheit als allein im Licht. Aber nun sprudelt es wieder ganz leise und es ist ein kleines Licht da gegen die Dunkelheit. -

Ich denke, mir geschieht nichts Ungewöhnliches. Frau O und Herr S kämpfen auch mit ihrer Gesundheit, so dass wir oft Mühe haben, einen gemeinsamen Termin zu finden für unseren Hauskreis. Da mühen wir uns noch mit den Engeln. Herr S hat sich ein Buch gekauft und ich habe es auch gelesen. Danach hatte ich den Eindruck, die Engel schieben sich zwischen meine Beziehung zu Gott. Es war so, als hätte ich bei einem Anruf nicht den Chef persönlich am Telefon, sondern seine Sekretärin. Das musste ich erst wieder klären. Da gefällt mir Dein Bronze-Engel

schon besser. Der mischt sich nicht ein, sondern ist ganz unauffällig da und wirkt im Hintergrund.

16.4.05

Deine Abschiedspredigt vom 22. Januar geht mir immer wieder durch den Kopf. Der brennende Dornbusch[69] lässt mich nicht los. Vielleicht kommt es daher, dass ich nun schon länger als vier Jahre Schmerzen habe an Armen und Beinen und besonders an den Händen, so als wäre meine Haut verbrannt. Beim Schreiben fällt mir immer mal wieder der Stift aus der Hand, weil die Finger ihn nicht mehr halten können und mögen. Den Beinen geht es nicht besser, sie haben einfach keine Kraft mehr. Ich möchte so gern wissen, was das bedeutet, nicht nur medizinisch. Im Augenblick fällt es mir schwer, das alles gelassen hinzunehmen. -

---

[69] In: Wolfgang Lenk, der Weg, den du gehst (vgl. Anm. 17), S. 50. Predigttext war die Gottesoffenbarung am nicht verbrennenden Dornbusch 2. Mose 3, 1-10

Inzwischen hatte meine Enkelin E Hochzeit, zwei Wochen später hatte mein Enkel F Konfirmation. Ich konnte ja nicht dabei sein, aber alle in der Familie haben sich bemüht, mir zu erzählen davon. Dadurch war ich so intensiv mit Gedanken und guten Wünschen dabei. Mir ist so, als hätte ich alles miterlebt. Aber das geht mir nicht nur in der Familie so, sondern auch mit den Nachrichten im Fernsehen oder mit dem, was in der „Nordelbischen" über unsere Kirche steht. Es kommt mir so vor, als würde ich alles nicht nur mit Augen und Ohren aufnehmen, sondern mit dem ganzen Körper über die Haut. Der Ausspruch, dass uns etwas unter die Haut geht, ist wohl sehr wahr. Und wenn es zu viel wird, reagiert die Haut eben mit Schmerzen. Vielleicht ist das für mich die Erklärung. Da finde ich es ganz erstaunlich, dass die schmerzenden Hände fähig sind, Schmerzen zu lindern.

Wenn ich abends wegen der Schmerzen nicht einschlafen kann, lege ich meine Hände auf die schmerzenden Beine, da ist es dann für eine Weile so, als würden die Schmerzen aus dem Körper gezogen werden.

Es gibt auch Augenblicke, da fühle ich mich ganz lebendig, aber die sind selten und nur ganz kurz. Die meiste Zeit bin ich einfach nur schwach und müde. Am Anfang hätte ich es nicht für möglich gehalten, dass es so lange so gehen könnte. Aber anscheinend sieht Gott das anders. Zu Mose hat Gott gesagt: und nun geh! Ich sende dich. Ich möchte so gern den Sinn meines Weges erkennen. Im Augenblick kommt mir wieder einmal alles sinnlos vor. Ich weiß selbst, dass es nicht richtig ist, so zu denken. Aber manchmal kann ich mich nicht dagegen wehren und in solchen Zeiten kann ich mich selbst nicht ertragen. Wie gut, dass Gott mich anscheinend so erträgt. Und wie gut, dass ich allein lebe und nicht andere Menschen damit belaste. Nur Dir mute ich das zu, mit anderen rede ich nicht darüber. Eigentlich habe ich so viel Grund, mich zu freuen über meine Kinder, meine Schwiegertochter, die mir so vertraut ist wie eine Tochter, über meinen Schwiegersohn, der immer sofort bereit ist, wenn es Reparaturen am Haus gibt und über alle sechs Enkelkinder. Im Garten blüht eine Camelie, sie hat den Winter so gut überstanden und trägt jetzt 20 Blüten. Im Teich fangen die Lilien an zu blühen und mein Frosch ist auch wieder da und sieht uns beim Frühstück im Garten zu, wenn meine B einmal in der Woche kommt.

Das sind lauter Kostbarkeiten, aber das weiß ich nur im Kopf. Ich kann nicht verstehen, warum ich im Augenblick nicht wirklich fröhlich sein kann darüber.

4. Mai 2005

danke für Deinen schönen Brief. Ich freue mich mit Dir, dass die dunkle Zeit zu Ende geht! Auch ich hatte das Gefühl, bei unserem Silvester-Gespräch, Dich nur begrenzt zu erreichen. Aber Gottes Engel war weiterhin mit Dir – und wird es bleiben, selbst auf dunkelsten Wegen!

6.5.05

gestern kam Dein Brief. Danke dafür!

Deine Predigt habe ich ganz oft gelesen. Ich möchte sie immer mehr verstehen. Es spricht mich so vieles darin an, besonders die Übungsanleitung der alten Mönchsväter[70]. Ich hatte das schon

---

[70] In der Predigt über 2. Mose 3, 1-10 steht die Passage:
Eine Übungsanleitung aus den Lehren der alten Mönchsväter über das Herzensgebet weist in dieselbe Richtung: „Richte deine Aufmerksamkeit auf den Herzraum oder den Bereich darüber, niemals auf den Raum darunter; denn dort wohnen die Dämonen, die destruktiven Leidenschaften."
Das Misstrauen dagegen hat Tradition, die nicht unbegründet ist. Die Angst, sich die Finger und mehr zu verbrennen, beruht auf Erfahrung. Schließlich bringt uns die Zuwendung zum Leib immer auch in Beziehung zu den Grenzen unseres Lebens, zu Schmerzen und schließlich auch zum Tod.
Meditation hat auch zu tun mit der Einübung in das Sterben.
Können wir Christen wirklich ohne Leibhaftigkeit unseren Glauben leben? Kommt es wirklich darauf an, unsere Leidenschaften zu

einmal gelesen vor vielen Jahren. Seitdem hatte ich immer den Eindruck, dass es tief in mir einen ganz dunklen Raum gibt, zu dem ich keinen Zugang habe. Es war eigentlich nicht beängstigend für mich, weil ich davon überzeugt war, dass Jesus diesen Raum kennt und ihn bewacht. Aber dann hatte ich während der Zeit des Meditationskurses in der Stille zu Hause das Erlebnis, dass aus meiner Tiefe etwas Schreckliches hochkam. Es sah aus wie eine Schlange mit einem grässlichen Kopf. Mir war so, als müsste ich mich übergeben und dann war es auch vorbei. Später erlebte ich dann diesen Raum in mir hell und so wie die Krypta in Riechenberg. Einmal in der Weihnachtszeit lag in diesem Raum auf dem Boden ein Kind und füllte den ganzen Raum mit Wärme.

Ich mag mir einfach nicht vorstellen, dass es in mir einen Raum gibt, in dem Dämonen wohnen, wie es bei den Mönchsvätern heißt. Für mich ist das ein heiliger Ort, an dem neues Leben in mir gewachsen ist und meine Kinder sich neun Monate lang behütet entwickeln konnten. Ich empfinde meinen ganzen Körper wie eine offene Schale für Gott. Meine Dunkelheiten erlebe ich eigentlich eher im Kopf. Aber im Augenblick ist es auch da wieder hell und das genieße ich jeden Tag. Wenn dann noch draußen die Sonne scheint und in meinem Garten ganz leise die Vögel anfangen zu zwitschern, dann fühlt es sich wieder richtig wie

---

überwinden? Ist die entscheidende Übung vielleicht doch, das Stückchen Erde, das als Körper an unserer Seele klebt, abzuschütteln und uns zu Gott zu erheben? Je älter ich werde, je mehr ich die Grenzen meines Körpers spüre, desto mehr kann ich auch diese Sehnsucht der Neuplatoniker verstehen.

Gott selbst aber braucht offenbar den Leib mit seiner sinnlichen Lebendigkeit.

Braucht er ihn, um uns zu finden

– oder vielleicht auch: um sich in uns zu finden?

Ist Gott selbst Leidenschaft und Feuer, an dem man sich verbrennen kann? Ist er Liebe, die sich nicht auf geistige Klarheit, Wahrheit und das Prinzip der Selbstlosigkeit reduzieren lässt?

Leben an. Das ist unbeschreiblich gut. Es ist schön zu wissen, dass Du Dich mit mir freust.

Gruß von mir an Gertrud auf einer Karte mit einem Bild der Krypta in Kloster Riechenberg: Säule, dahinter Christus-Ikone (Gesicht): „der Allerbarmer" (ohne Datum)

Im Dunkel
ist Licht.
Auf dem Weg
in die Tiefe
begleitet sein Gesicht.
Wo nichts mehr trägt,
fangen Gottes
ausgebreiteten Arme
dich auf.
So segne Dich,
liebe Gertrud,
der für Dich gebetet hat,
dass Dein Glaube nicht aufhöre.[71]

---

[71] in Anlehnung an Jesu Wort an Petrus nach Lukas 22,32

Anhang:
Übungen, auf die sich die Brief beziehen

1. Übung: Vor Gott stehen, Segen empfangen und weitergeben

> Hier stehe ich, Gott, vor dir.
> Ich öffne mich für dich.

- Stehen, aufgerichtet zwischen Himmel und Erde,
- weich in den Gelenken, Arme hängen locker neben dem Körper
- spüren des Bodens unter den Füßen,
- spüren des Raumes über dem Kopf.
- Hände und Arme in weitem Bogen rechts und links vom Körper öffnen, wie eine Schale geöffnet halten
- und dann über dem Kopf zusammen führen.
- Aneinander gelegte Hände sinken
- auf den Scheitel des Kopfes,
- vor dem Gesicht bis zur Mitte der Brust,
- öffnen sich nach vorn, sinken weiter nach unten
- bis vor das Becken und
- öffnen sich zu einer großen empfangenden Gebärde.
- Hände sammeln sich vor dem Herz in der Mitte der Brust und
- öffnen sich wieder zu einer segnenden Gebärde.
- Hände sammeln sich vor dem Herz in der Mitte der Brust.

Durchströme mich, erfülle mich in meinem Denken, Sehen, Hören, Sprechen und Fühlen, in meinem Handeln, in meiner Lebenskraft bis zu den Wurzeln meines Daseins.

So segne mich und lass mich ein Segen sein.
Amen

2. Übungsfolge zum Advent – empfänglich werden

aufeinander aufbauende Übungen aus dem Meditationskurs[72]:

Ich bin – Tongefäß

Für diese Übung kommt es nicht auf künstlerische oder handwerkliche Qualitäten an, sondern auf eine meditative Erfahrung. Besorge dir möglichst ein handgroßes Stück Ton. Ist dir das nicht möglich, so stelle dir für die weitere Meditation ein schlichtes irdenes Gefäß vor dich hin.

- Lege den Ton vor dich hin.
- Richte dich mit den gewohnten Schritten zum Sitzen in der Stille ein. Wenn es dir möglich ist, schließe die Augen und halte sie während der gesamten Übung geschlossen.
- Konzentriere dich auf deine Hände. Nimm wahr, welche Temperatur sie haben. Nimm ihre Gestalt wahr. Reibe sie aneinander und nimm sie danach noch einmal wahr.
- Nimm den Ton in deine Hände.
- Spüre seine Temperatur, seine Festigkeit und Feuchtigkeit.
- Spiele mit dem Ton, spüre seinen Widerstand, wenn du ihn drückst.
- Ändert sich seine Temperatur unter deinen Händen?
- Lass allmählich eine Kugel zwischen deinen Händen entstehen.
- Suche mit dem Daumen der einen Hand den Weg zur Mitte der Kugel.
- Lass die Kugel um diese Mitte kreisen mit Druck von außen und Druck von innen.
- Lass so sich ein Gefäß zwischen deinen Händen formen.
- Stell das Gefäß vor dich hin, halte die Augen dabei weiter geschlossen.
- Nimm deine Hände wahr und ihre Beziehung zum Gefäß. Nimm dich selbst wahr.

---

[72]   CF S. 61 – 70

- Öffne die Augen und betrachte das Gefäß, das unter deinen Händen entstanden ist.
- Widerstehe der Versuchung, es verschönern zu wollen. Halte die Spannung aus zwischen deinem Idealbild, wie dein Gefäß aussehen könnte, und der Realität, wie es geworden ist.

Kurze Unterbrechung mit Bewegung und Impulsen zur Köperwahrnehmung
- Richte dich noch einmal zum Sitzen in der Stille ein.
- Verweile in der Stille und lass die Übung in dir nachwirken.
- Konzentriere dich ganz auf die Vorstellung: „Ich bin Körper und sitze hier, auf diesem Boden, an diesem Ort, auf diesem Teil der Erde, die mich trägt.
- So wie ich bin, bin ich empfänglich für die Berührung durch den Leben schaffenden göttlichen Geist – als ein Teil dieser Erde."
- Verweile in dieser Haltung
- Wenn Deine Meditationszeit zu Ende geht: Sieh die Schale an.
- Bewege deine Finger und Hände, strecke deine Arme und beuge dich zur Erde.
- Richte dich auf und löse dich aus der Meditationshaltung.
- Wenn es dir sinnvoll erscheint, sprich den Psalmvers (139,15) als Gebet:
- „Ich danke dir, Gott, dass ich wunderbar gemacht bin. Wunderbar sind alle deine Werke."
oder finde ein anderes Wort, das deine augenblickliche Erfahrung ausdrückt.

Zur Deutung der Übung
Unser Übungsweg beginnt im November, mit dem Ende des Kirchenjahres. In unseren Breiten stirbt äußerlich gesehen die Natur ab. Das Leben zieht sich nach innen zurück. In dieser Zeit werden in den Kirchen die Unvollkommenheit, die Vergänglichkeit und der Tod thematisiert – aber auch die Hoffnung darüber hinaus: das „ewige Leben".

Wir haben hier ein Tongefäß geformt. Ton, Erde ist das, woraus nach der Bibel der Mensch von Gott geformt wurde. Dieser Mythos ist ein tiefes Bild für die Wahrheit, dass der Mensch verwandelte und gestaltete Materie ist: Wir alle haben in der materiellen Welt einen unserer Ursprünge. Und dahin kehren wir zurück, wenn am Ende unseres Lebens die alten Worte über uns gesprochen werden: „Erde zu Erde, Asche zu Asche, Staub zu Staube". Der andere Ursprung des Menschen wird in der Schöpfungsgeschichte als der Anhauch von Gottes Atem beschrieben: Leben aus Gottes Leben, Geist von Gottes Geist macht den Menschen zum Menschen mitten in seiner materiellen Bedingtheit.

Auf diesem Hintergrund ist das Formen der Tonschale ein Bild für uns selbst als meditierende Menschen: Wir sind ganz da. Mit unserer Unvollkommenheit, mit allen Rissen und Brüchen unserer Existenz sind wir offen und bereit für den lebenschaffenden Anhauch Gottes. Dieses sich mit der Erde verbinden, von ihr getragen und ihr zugehörig fühlen ist darum auch eine Grundübung der Meditation, auf die wir immer wieder zurückkommen werden.

Wahrnehmung der Hände: „Empfangen"

„Empfangen" ist eine Grundhaltung der Meditation wie auch ein zentrales Thema des Advent.

- Richte dich mit den erlernten Schritten zum Sitzen in der Stille ein.
- Lege deine Hände auf die Oberschenkel mit den Handflächen nach unten.
- Drehe die Hände so, dass sie nach oben geöffnet sind. Nimm die Veränderung wahr.
- Hebe die Hände.
- Probiere verschiedene Höhen aus.
- Senke die Hände, bis die Handrücken auf dem Oberschenkel aufliegen.
- Drehe die Handflächen nach unten.

- Finde eine Geste, die dem entspricht, was du erwartest (von der Adventszeit, vom Meditieren...) und verweile in dieser Geste äußerlich oder innerlich.

Zur Frage werden: „Wie soll ich dich empfangen?"
- Richte dich mit den erlernten Schritten zum Sitzen in der Stille ein.
- Lass deinen Blick eine Weile auf dem Tongefäß ruhen, bevor du die Achtsamkeit nach innen wendest.
- Werde wie ein Gefäß.
- Werde ganz zu der Frage „Wie soll ich dich empfangen?"
- Verweile in dieser Frage.
- Beende die Übung wie die vergangenen Übungen.

Segen am Ende eines Meditationsabends im Advent
So spricht der Engel zu Maria und auch zu dir:

Gott hat dich angesehen. Gott ist mit dir.
Gesegnet bist du!
Darum geh deinen Weg ,
geborgen im Frieden des Leben schaffenden Gottes.

Neues, Göttliches wächst in mir
- Gründe dich zunächst wieder auf dem Boden: Nimm den Kontakt der Füße und Beine mit dem Boden wahr und den Kontakt, den deine Sitzknochen mit der Sitzfläche haben.
- Überlasse dich der Erfahrung der tragenden und aufrichtenden Kraft des Bodens und versuche, diese Kraft bis zum Scheitel zu spüren.
- Lass deine Aufmerksamkeit zurück in den Beckenraum wandern.
- Nimm deine Atmung dort wahr.
- Erspüre den Innenraum, der sich öffnet. Es ist der Raum im

Leib der Frau, in dem jedes werdende menschliche Leben entsteht; der Raum auch, in dem Gott Mensch wird.

- Verweile mit diesem Bewusstsein im Innenraum deines Leibes und nimm dort den Atem wahr.

In einer weiteren Übung dieser Meditation gib der Betrachtung Raum: Ich bin nicht Maria – und doch offen für die Berührung durch die göttliche Welt – für die Begegnung mit dem Engel, die auch in mir Neues wachsen lassen kann.

- Wo in mir könnte Neues zu wachsen beginnen?
- Was könnte bei mir das neue Leben sein?

3. Übungsfolge zu Weihnachten und Epiphanias[73]

Betrachtung zur Christgeburt
Zur Betrachtung erhielt die Gruppe eine Kopie von einem archaischen Bild der Christgeburt. Dazu folgender Hinweis:

Die Geburt Christi ist hier dargestellt in einer Erdhöhle – ein altes Motiv.

Maria auf der einen, Joseph auf der anderen Seite mit je unterschiedlichen Gebärden umgeben das Kind, das wie in hellem Lichte liegt. Ochs und Esel beugen sich über das Kind. Sie alle sind umschlossen von der engen Höhle.

Knüpfe mit deiner Meditation an die vorausgegangenen Übungen an, in denen du deinen Leib als erdhaftes Gefäß, als Innenraum begriffen hast, der vom göttlichen Leben berührt wird oder erfüllt sein will.

- Sieh dir das Bild an und lass es auf dich wirken.
- Gehe hin und her zwischen der Wahrnehmung deines Leibes als Innenraum und der Betrachtung dieses Bildes von der Geburt Gottes in der Erdhöhle.

---

[73] CF S. 72 – 80

- Verweile schließlich mit deiner Aufmerksamkeit in deinem Inneren.
- Versuche, dich dort an das äußere Bild zu er-„innern".
- Vielleicht hilft dir auf diesem Betrachtungsweg das Gebet[74]:

„So lass mich doch dein Kripplein sein,
komm, komm und lege bei mir ein
dich und all deine Freuden."

- Kehre bei deiner Meditation immer dann zum äußeren Bild zurück, wenn deine Aufmerksamkeit verlorengeht und komme vom äußeren Bild neu zur inneren Wahrnehmung.
- Beende die Übung, wie du die letzten Übungen zum Abschluss gebracht hast.

Bei der wiederholten Meditation des Bildes löse dich immer mehr von der äußeren Betrachtung des Bildes. Lass deine Aufmerksamkeit immer intensiver in deinem Innenraum verweilen.

Epiphanie: Erscheinung des göttlichen Lichtes
Als Motto der Meditationen zu Epiphanias legt sich das Gedicht von Joseph Weinheber nahe:

Als ein behutsam Licht
stiegst Du von Vaters Thron.
Wachse, erlisch uns nicht,
Gotteskind, Menschensohn!

---

[74] Schlussvers von Paul Gerhards Weihnachtslied „Ich steh an Deiner Krippen hier", EG 37, Vers 9.

In der Meditation dieses behutsamen, um uns werbenden und uns heilend erfüllenden Lichtes lassen wir uns leiten von dem Wort aus dem 2. Korinterbrief (4, 6+7):

> *„Gott, der sprach: ‚Licht soll aus der Finsternis hervor leuchten', der hat einen hellen Schein in unsere Herzen gegeben": das Licht Christi. „Wir aber haben diesen Schatz in irdenen Gefäßen".*

Christi Licht umhüllt und erfüllt mich
- Konzentriere deine Aufmerksamkeit auf die Verbindung mit dem Boden, der dich trägt.
- Stelle dir ein Licht vor, das dich von oben her wärmt und bescheint als ob die Sonne deinen Scheitel berührt.
- Lass dieses Licht dich von oben her umhüllen wie einen wärmenden und bergenden Mantel. Gehe dabei Schritt für Schritt deinen Körper von oben nach unten hin durch und beginne dann wieder von vorne.
- Verweile mit dieser Vorstellung in der Stille.
- Lass dieses Licht so tief in dich eindringen wie es dir jetzt möglich ist. Du kannst dir dabei die Wärme der Sonne vorstellen, die tief unter die Oberfläche der Erde einwirkt.
- Versuche wahrzunehmen, dass das Licht vom Scheitel her in dich einströmt.
- Achte darauf, wie tief dieses Licht dich erreicht:

    bis in den Brustraum?
    bis in die Leibesmitte?
    bis zum Beckenboden?

- Ist dir keine der Wahrnehmungen möglich, so stell dir vor, du könntest einfach in der Sonne liegen und dich von ihr bescheinen lassen.
- Nimm den Fluss deines Atems wahr.

- Verbinde das Einströmen des Atems mit dem Strom des Lichtes, so als könntest du durch den Scheitel einatmen.
- Fange diese Wärme und dieses Licht in dir wie in einer Schale auf, lasse es sich dort sammeln.
- Verbinde das Ausströmen des Atems mit der Vorstellung, dass der Strom dieses Lichtes und dieser Wärme sich in dir ausbreitet.
- Verweile mit dieser Vorstellung in der Stille.

4. Übungsfolge zur Passionszeit[75]

Ich bin Kreuz

Wir gehen bei der Meditation von der Voraussetzung aus, dass das Kreuz Christi nicht zuerst das historische Sterben auf Golgatha meint, sondern Gottes Hineingehen in die Gegensätze des Lebens, z.B. in die Gegensätze von Liebe und Hass, von Gerechtigkeit und Schuld, von Leben und Tod. Das macht die Bedeutung von Golgatha aus, die den Tod Jesu auch heute noch für uns heilvoll sein lässt.

Übung im Liegen und Stehen
- Dehn und streck dich, lass dem Gähnen freien Lauf und finde eine Lage, in der du entspannt liegen kannst.
- Stell dir vor, du liegst an einem Ort, an dem du dich wohl und sicher fühlst (vielleicht erinnerst du dich an einen schönen Urlaubstag).
- Du liegst in der Sonne und öffnest dich ihrer Wärme und ihrem Licht.
- Öffne dich, indem du die Arme ausbreitest, bis du in der Form des Kreuzes liegst.
- Nimm die Spannung in dieser Gebärde wahr. Was beinhaltet

---

[75] CF S. 112 – 117

diese Gebärde für dich? Erlebst du sie als Offenheit oder als Verletzlichkeit oder ...?

- Verlass diese Haltung wieder und kehre in eine entspannte Lage zurück, die dir jetzt gut tut.
- Bereite dich darauf vor, dich aufzurichten zum Stehen.
- Stehe mit zum Kreuz ausgebreiteten Armen, spüre noch einmal in die Spannung hinein und halte die Spannung aus, solange es dir ohne Krampf möglich ist.

Übung im Sitzen
Ich bin ein Kreuz, dessen Spannung ich nur begrenzt aushalte.
Ich habe einen Standpunkt, der mich auf dieser Erde meinen Platz behaupten lässt. Ich stehe in Beziehung zum Himmel, zu Gott, der mich an meinen Platz stellt. Das gibt mir die Kraft zum Alleinsein und zur Selbständigkeit. Die senkrechte Linie meines Körpers bringt dies zum Ausdruck.
Ich stehe aber auch in Beziehung, kann meine Arme ausbreiten, mich liebend und handelnd mit allen Mitgeschöpfen verbinden. Die waagerechte Linie meines Körpers bringt dies zum Ausdruck. In meinem Herzen kreuzen sich die beiden Linien.

- Nimm in der Stille die Spannung wahr, die Dein Leben ausmacht.

Übung im Stehen allein mit Einsatz des Atems
- Stehe weich und locker in den Knien, nimm Verbindung zum Boden und zum Himmel auf, so dass du die senkrechte Achse deines Körpers gut spüren kannst.
- Öffne die Arme zur Kreuzform und nimm die Spannung wahr, die jetzt entsteht. Stelle dir auch vor, deine Arme würden über die Fingerspitzen hinausreichen.
- Konzentriere dich auf den Atem.
- Lass deine Arme mit dem Rhythmus des Atems sich senken und wieder bis in Schulterhöhe heben.

- Wechsle dabei den Rhythmus von Ausatmen und Einatmen: Wann kannst du die unterstützende Kraft des Atems beim Öffnen der Arme besser erfahren: Beim Ein- oder beim Ausatmen?
- Lass die Arme in Kreuzform ausgebreitet bleiben.
- Stelle dir dabei vor: Mit jedem Atemzug erhältst du stützenden Kraft. Konzentriere dich dabei auf die Atemphase, die du als besonders unterstützend erlebt hast.
- Achte darauf, in den Knie- und Hüftgelenken weich zu stehen und die Beckenmuskulatur nicht anzuspannen.
- Bleibe in dieser Übung, solange du sie ohne allzu große Anspannung vollziehen kannst.
- Lass dann die Arme wieder sinken.
- Hat die Achtsamkeit auf den Atem etwas in dir bewirkt?
- War etwas anders als beim ersten Stehen in dieser ausgespannten Haltung?

Deutende Worte als Impuls zum Sitzen in der Stille

Das Kreuz Christi ist nicht nur ein Zeichen des Todes. Es ist auch Zeichen radikaler Solidarität Gottes mit unserem menschlichen Leben in allen seinen Spannungen: Gott stellt sich stützend in das Kreuz unseres Lebens und trägt mit uns an dieser Spannung, damit wir wachsen in der lebendigen Doppelbeziehung der Liebe (Vertikale: Liebe zu Gott und dem eigenen Weg; Horizontale: Liebe zu anderen Menschen). So können wir das Kreuz Christi jenseits theologischer Richtigkeiten erfahren als „Gotteskraft"[76].

- Lass in der Stille diese Zusage in dir nachklingen: Das Christuskreuz trägt mein Kreuz.

Du kannst diese Übung auch im Liegen auf dem Rücken oder auf dem Bauch mit ausgebreiteten Armen vollziehen. Lass dabei deine

---

[76] 1. Korinter 1, 18

Kreuzgestalt von unten her stützen. Nimm mit jedem Atemzug etwas von der unterstützenden Kraft Gottes in dir wahr.

Übung im Liegen (vertiefende Übung)
- Räkle dich, strecke und dehne dich.
- Wenn du gähnen musst, lass es zu.
- Finde die jetzt für dich richtige Lage
- Liege zunächst so, wie du gerade liegen möchtest.
- Nimm deine Form wahr: sie ist deine Weise, wie du im Augenblick vom Boden Unterstützung nimmst.
- Drehe dich auf den Rücken und strecke dich aus.
- Spüre deine Auflageflächen. Nimm wahr, an welchen Stellen jetzt die Rückseite deines Körpers Kontakt mit dem Boden hat.

Wo sind Zwischenräume zwischen Boden und Körper?
   In welchen Bereichen kannst du loslassen und wo spürst Du Spannung?
- Spüre von den Fersen aufwärts, wie du auf dem Boden aufliegst:
  - Nimm deine Füße wahr,
  - deine Unterschenkel, Kniekehlen und Oberschenkel,
  - dein Becken,
  - deine Wirbelsäule und den gesamten Rücken,
  - deinen Schultergürtel, die Oberarme, Ellbogen, Unterarme,
  - deine Handflächen oder Handrücken und die Finger.
  - Spüre deinen Nacken und
  - deinen Kopf mit seiner Auflage.
- Nimm dich als Ganzes wahr mit allen Teilen, wie du vom Boden getragen wirst.
- Löse dich aus dieser entspannten Haltung, strecke und räkle dich.
- Lege dich auf die Seite und ziehe Arme und Beine zur Brust, so dass du ganz klein wirst.

- Welche Gefühle löst diese Haltung aus? In welcher Situation nimmst du eine solche Haltung ein?
- Löse dich auch aus dieser Haltung und lege dich auf den Rücken.
- Breite die Arme so weit aus, wie es dir möglich ist, so dass dein Körper die Gestalt eines Kreuzes bildet.
- Welche Gefühle löst diese Haltung aus?
- Löse dich auch aus dieser Haltung und lege dich auf den Bauch.
- Breite auch in dieser Haltung die Arme so weit aus, wie es dir möglich ist, so dass dein Körper die Gestalt eines Kreuzes bildet.
- Welche Gefühle löst jetzt diese Haltung aus?
- Wähle für die folgende Zeit der Stille die Haltung im Liegen, die den folgenden Sätzen am besten entspricht:

„Ich vertraue mich mit meinen Gegensätzen und Spannungen der tragenden Kraft Gottes an:

Mein Kreuz, das Kreuz der ganzen Welt ist getragen von Christi Kreuz".

Gnadenstuhl[77] – Bildmeditation: Sitzen mit Bild
- Lass das Bild „Gnadenstuhl" auf dich wirken.
- Lass deinen Blick mit halb geöffneten Augen darauf ruhen.
- Lass deine Gedanken in der Aufmerksamkeit auf das Bild zur Ruhe finden.
- Erinnere dich dabei an die Körperübungen zum Kreuz.
- Nähere dich so mit deiner Meditation der Erfahrung an:
- „Ich bin mit meinem Kreuz von Gottes Kraft getragen und gestützt"

---

[77] Siehe S. 50.

- oder wie immer sich für dich die Erfahrung dieser Meditation in Worte fassen lässt.

5. Übungsfolge zur Osterzeit[78]

mit der Ikone „Höllenfahrt Christi"[79]

Information zu Ikonen

Ikonen sind Bilder, in denen die orthodoxe Christenheit die Anwesenheit der dargestellten göttlichen Wirklichkeit verehrt, ohne das Bild selbst damit zu identifizieren.

Anders als in der modernen westlichen Kunst ist das Bild nicht Ausdruck der subjektiven Persönlichkeit des Künstlers und seiner Wahrnehmungen und Gefühle. Subjektive Kreativität und individueller Ausdruck sind ebenso wenig gefragt wie die Perspektive; sie gelten vielmehr eher als störend. Voraussetzung für das „Schreiben" einer Ikone ist langjährige Meditationserfahrung, in der die darzustellenden Wahrheiten als innere Erfahrung und Wirklichkeit (wirksame Kraft) die Seele des Mönches oder der Nonne gestalten. Erst in dieser inneren Verfassung kann dann die Berufung zum Ikonen-Schreiben erfolgen. Bei der Gestaltung geht es vor allem darum, die vertraute Wahrheit in vorgegebenen Formen und Farben nachzubilden. Ikonen sind niemals nur ins Bild gesetzte biblische Geschichte oder dogmatische „Wahrheit"; sie sind immer auch Spiegelbild religiösen Erlebens, das in archetypischer Tiefe wurzelt und daher auch Tiefenschichten in der Persönlichkeit des Betrachters ansprechen kann. Sie sind nicht eigentlich Kunstwerke, sondern Kultgegenstände bzw. Meditationsbilder. Daher werden sie auch mit einer gottesdienstlichen Handlung geweiht, bevor sie in den Dienst genommen werden.

---

[78] CF S. 123 – 130
[79] Siehe S. 16.

Zur Ikone von der Höllenfahrt Christi

Die Ikone „Christi Höllenfahrt", auch „Christi Auferstehung" genannt, ist eine der schönsten Ikonen des Ikonenmuseums Recklinghausen und eine der tiefsten Osterdarstellungen überhaupt. Sie stammt aus Russland und entstand in der ersten Hälfte des 16. Jahrhunderts.

Sie gehört in die Liturgie der Osternachtsfeier und ist zentrales Osterbild der orthodoxen Christenheit. In der Liturgie zur Osternacht heißt es:

„Heute ruft der Hades stöhnend: Besser wäre es mir gewesen, ich hätte den von Maria geborenen nicht aufgenommen. Denn indem er zu mir kam, hat er meine Macht gebrochen, die ehernen Tore zertrümmert, die Seelen, die ich vordem gefangen hielt, als ewig seiender Gott auferweckt.

Ehre, Herr, deinem Kreuz und deiner Auferstehung."[80]

„Des Todes Tötung feiern wir, die Zerstörung der Hölle, eines anderen, des ewigen Lebens Anbruch... Nun ist alles mit Licht erfüllt, Himmel, Erde und Unterwelt. So feiere denn die gesamte Schöpfung Christi Auferstehung!"[81]

Sie stellt sozusagen die geglaubte, unsichtbare Rückseite der Grabesruhe des gekreuzigten Christus dar, die eigentliche innere Dynamik seines Todes. Der Tod Christi ist hier begriffen als Einbruch in einen Machtbereich, in dessen Gefangenschaft alles Lebendige verfällt: in den Machtbereich des Todes. Paulus beschreibt dies Geschehen als zukünftiger Vollendung entgegen drängend: „Der letzte Feind, der vernichtet wird, ist der Tod"[82]. *Was Paulus als zukünftiges Geschehen beschreibt, glaubt die orthodoxe Christenheit als mit dem Eintritt Christi in den Bereich des Todes bereits grundlegend und stellvertretend vollzogen. Auch viele Osterlieder der evangelischen Tradition entfalten dieses Motiv, z.B. Martin Luthers „Christ lag in Todesbanden": „Es war ein wunderlicher*

---

[80] 5. Troparion aus der orthodoxen Osternachtsvigil, zitiert nach: Der Orthodoxe Gottesdienst, Band I Göttliche Liturgie und Sakramente.

[81] aus dem Osterkanon des Johannes von Damaskus, s.o.

[82] 1. Korinther 15,26

Krieg, da Tod und Leben rungen; das Leben behielt den Sieg, es hat den Tod verschlungen[83].

So stellt dieses Bild die Pforten des Totenreiches dar, wie sie aus den Angeln gebrochen über dem schwarzen Abgrund des Nichts liegen und in der Gestalt des Andreaskreuzes Christus tragen. Er selbst ist wie das Licht in weißer Farbe gestaltet. Von ihm geht eine lebenschaffende Kraft aus, die sich in der grünen Aura ausdrückt, die ihn umhüllt und von ihm ausstrahlt. Alle von ihr berührten Gestalten sind bereits aus dem Bereich des Todes (den im Dunkel liegenden Särgen) in das Leben zurückgekehrt. Im dunklen Abgrund liegen auch Marterwerkzeuge und die Schlüssel des Totenreiches (der Hölle) wie nach einem Einbruch verstreut. Hinter Christus stehen Propheten des Bundes Gottes mit Israel, aber auch Philosophen der griechischen Welt als Vertreter der Weisheit (Sophia). Ihnen zugeordnet hat sich Eva aus dem Grab erhoben – wie die Weisen von der grünen Aura Christi berührt. Von der Weisheit her wendet Christus sich Adam zu, den er am Handgelenk ergreifend aus dem Grab zieht. Über Adam haben sich die Könige des Alten Testamentes und Mose – als Vertreter der Macht und Ordnungsstruktur – im Kraftfeld der Aura des Christus aus dem Grab erhoben.

Die grüne Mandorla der Ikone hat auch die Form einer Puppe, zu der sich die Raupe eingesponnen hat, bevor sie zum Schmetterling verwandelt wird. In diesem Vorgang der Natur hat meditative Theologie immer ein Gleichnis des Auferstehungsgeschehens wahrgenommen. In der unscheinbar verborgenen Gestalt der Puppe sammelt sich die ganze Lebenskraft, um aus dem Innersten heraus Verwandlung und Neubeginn zu wirken.

Ostern hat damit zu tun, dass Gott als die Kraft des Lebens sich „einschleicht" in den Tod und in alles, was das Leben schon vor dem Tod hindern will, um es von innen her aufzubrechen und zu verwandeln. Dieses „Sich Einschleichen Gottes" stellt die Ikone dar in der Mandorla, die die Christusgestalt in sich birgt. Die Mandorla ist Symbol der einen

---

[83]   EG 101,4

schöpferischen Kraft des göttlichen Geistes, die über den Urfluten brü-tetel[84] und die Jesus von den Toten auferweckte – wie sie auch in uns belebend wirkt.[85]

Allgemeine Hinweise zur betrachtenden Meditation

Die Meditation mit Bildern kann geschehen als ein äußeres Betrachten des Bildes und eine Beschreibung all seiner Einzelheiten. Meditierend nehme ich bei dieser Betrachtung mit meiner Phantasie (Vorstellung) irgendwo in diesem Bild meinen Platz ein (z.B. in der Gestalt Adams oder Evas oder als ZuschauerIn an der Seite des Geschehens). Ich lasse dabei die Dynamik des Bildes von außen auf mich einwirken. Zentraler Orientierungspunkt ist bei einem Christusbild die Kraft Christi, wie sie im Bild dargestellt ist. Ich reflektiere und bedenke in der Betrachtung des Bildes, wie mein Verhältnis zu dieser Christuskraft aussieht – und öffne mich so dieser Kraft.

Eine Meditation des Bildes im engeren Sinn setzt voraus, dass ich die zentrale Dynamik des Bildes auf meine „Mitte" beziehen kann. Ich er-fahre das Bild als eine innere Dynamik in mir: mein Atemraum, den ich in mir wahrnehme, füllt sich mit der Mandorla, die Christus umhüllt. Gegenüber dem Bild kann sich dabei Farbe und Gestalt verändern. Das äußere Bild regt meine inneren Bilder an, um schließlich in der Medi-tation alle Bilder zu überschreiten und mich nur noch die Christuskraft wahrnehmen zu lassen.

---

[84] Genesis 1,1f: „Am Anfang schuf Gott Himmel und Erde. Und die Erde war wüst und leer, und es war finster auuf der Tiefe; und der Geist Gottes schwebte auf dem Wasser." (Übersetzung Luther)

[85] Römer 8,11: „Wenn nun der Geist Gottes, der Jesus von den Toten auferweckt hat, in euch wohnt, so wird Gott, der Jesus von den Toten auferweckt hat, auch eure sterblichen Leiber auferwecken durch die Kraft seines Geistes, der in euch wohnt." (Übersetzung Wilckens)

Spontane Meditation

Ich lade dich ein, dich der Ikone ohne weitere Vorinformationen auszusetzen.

Leg dazu eine Abbildung der Ikone vor dich auf deinen Meditationsplatz, so dass dein Blick beim Sitzen darauf ruhen kann.

- Beginn deine Meditationsübung mit den vertrauten Grundschritten und lass die Ikone auf dich wirken, als sähest du sie zum ersten Mal.
- Lass deinen Blick weich und eher unscharf auf der Ikone ruhen.
- Versuche, dich von dem Bild be-eindruck-en zu lassen. Lass den Eindruck, den die Ikone auf dich macht, wirken. So gut es dir gelingt, verzichte darauf, Befremdendes abzuwehren, aber auch Bekanntes zu verstehen und zu analysieren.
- Achte auf die Gefühle und inneren Bilder, die die Begegnung mit dieser Ikone in dir weckt.
- Verweile in dieser inneren Wahrnehmung.
- Beende auch diese Meditation auf die gewohnte Weise.

Betrachtende Meditation der Ikone von der Höllenfahrt Christi (1)

- Beginne deine Meditation wie gewohnt.
- Suche deinen Platz im Bild: Ist er mehr bei Adam? Oder näher bei Eva? Könnte es sein, dass du dich lieber bei den Repräsentanten der Macht einreihst? Oder bei den Repräsentanten der Weisheit? Oder ganz am Rande? Oder bleibt dir das Bild unzugänglich?
- Nimm wahr, was das Bild in dir auslöst.
- Dann wende deine Aufmerksamkeit der lebenschaffenden und befreienden Kraft zu, die in der Mitte des Bildes wirkt: einbrechend, aufbrechend, voll mitreißender Dynamik.
- In welcher Beziehung erlebst du dich zu ihr? Berührt sie dich?
- Bricht sie in dir auf? Als Freude? Als Sehnsucht? Als Schmerz?

- Oder lässt sie dich unberührt?
- Verweile mit deiner Aufmerksamkeit bei dieser Kraft – gleichgültig, ob mehr mit innerer Distanz oder mit starker innerer Bewegung.
- Beende deine Meditation mit den gewohnten Schritten.

Betrachtende Meditation der Ikone von der Höllenfahrt Christi (2)

Je tiefer du dich in die Betrachtung dieser Ikone einlässt, desto geringeres Gewicht behält das äußere Bild. Du gehst in gewissem Sinn den umgekehrten Weg des Ikonenmalers und näherst dich vom Bild her der meditativen Erfahrung an, die Paulus mit den Worten beschreibt: „Christus lebt in mir.“[86]

- Verweile mit deiner Erinnerung bei der Ikone.
- Betrachte sie wie einen Spiegel deiner Seele.
- Nimm wahr, ob es in dir etwas gibt wie königliche, prophetische, weise Kräfte oder andere lebenswichtige Energien, die bisher nicht zur Wirkung kamen in deinem Leben.
- Erinnerst du dich an Augenblicke in deinem Leben, in denen du dich wie eingeschlossen, abgeschnitten vom Leben oder abgestorben fühltest? Kennst du die Sehnsucht nach Freiheit?
- Wende Deine Aufmerksamkeit der belebenden Christusgestalt zu. Spüre, ob sie deine Sehnsucht berührt.
- Gibt es Augenblicke in deinem Leben, in denen du solch eine befreiende Kraft einmal gespürt hast? Erinnere dich daran.
- Nimm wahr, ob du auch jetzt in dir etwas von der befreienden Kraft Christi spüren oder erahnen kannst.
- Verweile mit deiner Aufmerksamkeit bei der Christusgestalt der Ikone und der Sehnsucht, die sie in dir weckt, bei der befreienden Kraft, an die du dich erinnern kannst oder die du jetzt in dir verspürst.

---

[86] Galater 2,20.

- Beende deine Meditation mit den gewohnten Schritten.

Meditation des inneres Christus

In den weiteren Schritten der Vertiefung kannst du deine imaginativen Kräfte zu Hilfe nehmen. Wir arbeiten mit der Erinnerung an die Ikone. Dabei kommt es nicht darauf an, dass Du alle Einzelheiten präzise in dir wiederholen kannst wie bei einem auswendig gelernten Gedicht. Lass geschehen, was die Kraft dieses Bildes in dir bewirkt.

Gehe – sozusagen als Arbeitshypothese – aus von dem Grundvertrauen: Christus ist auch in mir auferstanden und lebt auch in mir.

- Vollziehe die gewohnten Grundschritte der Meditation und verweile mit deiner Aufmerksamkeit bei dem Innenraum deines Leibes.
- Nimm wahr, wie dein Atem kommt und geht.
- Erinnere dich an die Ikone.
- Stell dir vor, dass deine Leibesmitte von der leuchtend weißen Christusgestalt erfüllt und dein ganzer Körper von der Mandorla seines Auferstehungslebens durchdrungen ist.
- Verbinde die Vorstellung der in die Tiefe greifenden Christusgestalt mit dem Ausatmen.
- Lass den Fluss deines Atems in deiner Mitte zur Ruhe finden, bevor du aus dieser Mitte heraus einatmest.
- Verbinde das Einatmen mit der Erinnerung an die Aura Christi. Lass dich mit jedem Einatmen von dieser Kraft durchdringen.
- Verweile in dieser Vorstellung mit dem schwingenden Rhythmus deines Atems.
- Beende deine Meditation mit den gewohnten Schritten.

Meditation des Auferstandenen als belebende Kraft

Die Ikone ist uns nicht mehr als Bild wichtig. Es geht dem 2. Gebot ('Bilderverbot') entsprechend auch im christlichen Glauben darum, nicht an den Bildern haften zu bleiben, sondern zu den dahinter bzw. darin sich zeigenden grundlegenden Kräften zu finden. Die Grundkräfte der

Christusgestalt sind das Licht, das in die Tiefe greift und die belebende Kraft in seiner Mandorla, die sich nach außen entfaltet. Für das Sitzen in der Stille stelle dich auf folgende Übung ein:

- Nimm das Christus-Licht, das in die Tiefe greift, mit dem Ausatmen als Kraft in dir wahr.
- Nimm mit dem Einatmen die Kraft in dir wahr, die belebend nach außen drängt: sie entfaltet sich in dir und durch dich hindurch
  - durch deinen Körper,
  - deine Haut
  - deine Kleidung
  - in den Raum hinein, der dich umgibt.
- Verweile in dieser Wahrnehmung.
- Beende deine Meditation in der gewohnten Art.

Bei weiteren Meditationen kannst du deine Wahrnehmung auf verschiedene Aspekte lenken.

Schwerpunkt der Achtsamkeit ist dabei zunächst die in die Tiefe greifende Christusgestalt bzw. das Ausatmen:

- Nimm wahr, wie die Christuskraft Gefangenes in dir zur Freiheit lockt und Abgestorbenes belebt.

Schwerpunkt der Achtsamkeit bei der folgenden Variante ist die nach außen belebend wirkende Kraft bzw. das Einatmen:

- Nimm wahr, wie die Christuskraft durch dich hindurch als befreiende und belebende Kraft in deine Umgebung hinein weiterwirkt.

Wenn die bisherigen Schritte dieser Meditation gelingen, kannst du aus der Meditation heraus den Bezug zum Alltag herstellen:

- Stell dir eine alltägliche Situation vor, in der du diese Kraft besonders nötig hast.

- Lass dich nicht von dieser Situation gefangen nehmen, sondern freue dich, dass dir diese Kraft zuwachsen kann und dich in dieser Situation stärken wird.

Statt eines Nachwortes:
Gedanken zum Lebensende

Monika Renz[87]

Auch das Älterwerden stellt den Menschen vor die Herausforderung des Loslassens, Durchschreitens und Findens. Einsamkeit und Kompetenzverlust machen zu schaffen. Und doch trägt das Leben genau darin die Frage nach der eigenen tieferen Wahrheit an uns heran: Wer bin ich wirklich? Was muss ich noch tun, wessen mich annehmen? Irgendwann ist die Suche nach der eigenen Identität wie überholt und es geht nunmehr um die Frage: Was (von mir) übersteigt mich? Das eigene Wesen umfasst stets mehr, als was von „Ich" her sichtbar ist. Was bleibt? Wohinein kann ich mich loslassen? – eine Frage, die vom Christentum anders beantwortet wird als etwa vom Buddhismus. ....

‚Integrität versus Verzweiflung, Todesfurcht und Lebensekel' – so umschreibt Erik H. Erikson schon 1966 die Herausforderung letzter Reifung. Verdeckt geht es bei manch alten und kranken Menschen darum, dass ihnen Intergration wenigstens teils gelinge. Integer zu sein setzt mehr voraus als Bemühen und Korrektheit. Nirgends so sehr wie beim alten Menschen, wo Ichkräfte abnehmen und Disziplin, Kognition, ja schon die Fähigkeit zur Sauberkeit erschwert gelingen, wird uns Mitmenschen bewusst, dass wir darauf angewiesen sind, dass Menschen sich und ihre Schatten wahrnehmen, sich entsprechend anstrengen und in Demut einordnen ins Ganze von Schöpfung und Menschsein.

Und doch ist Integration schwer. Was hilft? Eine Antwort liegt in der Entwicklungsanfrage selbst. Sie lautet: wesentlich werden.

---

[87] Dr. phil., Dr. theol., Musik- und Psychotherapeutin, Leiterin der Psychoonkologie am Kantonsspital St. Gallen, zitiert aus Publik-Forum 2017,6 Seite 28 – Was am Ende wichtig wird

Dazu gehören auch Disziplin im Alltag, Aushalten von Leere und scheinbarer Bedeutungslosigkeit, Verzeihung wider Unfriede, Ja zu Gewordensein und eigenem Schatten. Die Anfrage des Alters kann nur verdrängt oder immer neu angenommen werden. ....

Schattenintegration führt ins Spirituelle und bewirkt Mal um Mal ein Stück Erlösung: von Unerledigtem, aus uralten Ängsten, aus Gottes- und Selbstentfremdung. Der alternde Mensch wird spirituell betrachtet heimgeführt. Er wird der Weltlichkeit, ja sogar den Angehörigen mehr und mehr entzogen. Auch das ist Gesetzmäßigkeit. Kernfrage bleibt: Wird er ‚gefunden‘ und wovon?

Auch in puncto Glauben gibt es nur die Alternative *Ausweichen oder Annehmen.* Etliche alte Menschen wachsen tiefer in den Glauben hinein, stellen der Tradition ihre Fragen entgegen und reifen zur Persönlichkeit, was mehr meint als Ego. Andere gehen vorbei an der Anfrage, wesentlich zu werden, lenken ab oder verhärten sich. Sie bleiben im Glauben kindhaft naiv, dogmatisch rechthabend oder emanzipieren sich weg, wiederum ohne sich tiefer in den Grund zu schauen. Vollste Annahme gelingt keinem alternden Menschen. Und das darf sein. Das Alter lehrt auch Milde.

Gerda und Rüdiger Maschwitz[88]

Für die meisten Menschen gehört zum Sterben der Wunsch, das eigene Leben zu ordnen. So können Themen wie Verlust (von Menschen, materiellen Dingen, Zielen und Wünschen), Enttäuschungen, Ungerechtigkeit, Unversöhntheit und Schuld den Sterbeprozess durchziehen. Entsprechend kehren bestimmte Themen auch in den Erzählungen und Gesprächen immer wieder, bis sie innerlich oder auch durch aktives Handeln und Entscheiden geklärt sind und losgelassen werden können. Im Blick nach vorn

---

[88] Pädagogin und Theologe, Meditations- und Kontemplationslehrende, – Zitat aus: Spirituelle Sterbebegleitung, Mankau Verlag 2013, S. 55

werden die positiven Lebenserfahrungen immer wichtiger, das, was im Leben Kraft und Zuversicht gegeben, woraus man Hoffnung und Freude geschöpft hat, hilft mit Dankbarkeit Abschied zu nehmen und in ein versöhntes und friedvolles Sterben hineinzufinden.

Heinz Rüegger[89]

... Es kann im hohen Alter durchaus Situationen geben, die als sinnlos wahrgenommen werden. Das aber ist immer eine subjektive Einschätzung. ... Zum christlichen Lebensverständnis gehört es nach meiner Ansicht, anzuerkennen, dass das Leben in bestimmten Phasen als sinnlos erfahren werden kann. ... Wir sind, denke ich, theologisch etwas verzärtelt, wenn wir meinen, wir müssten auf alles im Leben noch das Sahnehäubchen des Sinns klecksen. Die Klage-Psalmen im Alten Testament oder auch die Geschichte von Hiob zeigen deutlich, dass die Israeliten damals nicht einen tieferen Sinn in ihrem Leiden sahen oder ersehnten, sondern nur ihren Schmerz und ihr Leid vor Gott herausgeschrieen haben. ... Theologisch muss man klar unterscheiden: Ich kann an Gott glauben, ohne immer einen erkennbaren Sinn in meinem Leben erfahren zu müssen. ...

Patrick Roth[90]

Wenn wir etwas durchleiden, könnte es rettend sein zu erkennen, dass wir „Gefäß" sind, in dem aus dem Chaos-in-uns ein zerbrechlich Neues entstehen soll. Ein „Sinn" stünde nicht von vornherein fest, sondern wäre eine Schöpfung Gottes *und* des

---

[89]   evangelischer Theologe, Gerontologe und Ethiker in der Stiftung Diakoniewerk Neumünster in der Schweiz, zitiert aus Publik-Forum 2017,6 Seite 30 – Die Sinnlosigkeit aushalten

[90]   Schriftsteller, zitiert aus Publik-Forum 2017,7 Seite 31 – Was heißt Auferstehung, Ein Gespräch mit dem Schriftsteller Ptrick Roth und der Theologin Margareta Gruber

Menschen. Beider „Werk". Im Moment, da ein Mensch weiß, warum er leidet, leidet er nicht mehr sinnlos, und sein Leid wird erträglicher.

Dank

Danken möchte ich an dieser Stelle dem Leiter des „Hauptbereich 3 der Nordkirche", Friedrich Wagner: er hat mich sehr bestärkt, diese Dokumente zu veröffentlichen. Als meine ehemalige Arbeitsstelle hatte der Gemeindedienst, der heute zu Hauptbereich 3 gehört, auch gute Voraussetzungen für die Begegnungen mit Gertrud geboten.
Der Freundeskreis des Gemeindedienstes fördert diese Veröffentlichung finanziell.
Danke auch dafür.

Gertraude Kuchel, frühere Mitarbeiterin im Gemeindedienst hat für mich die handgeschriebenen Briefe digitalisiert. Auch ihr danke ich von Herzen.

Den Nachdruck der Bilder von der Krypta im Gethsemanekloster Goslar-Riechenberg hat mir der Prior, Bruder Achim Gilbert, ausdrücklich erlaubt. Dem Kloster mit seiner eindrucksvollen und auch ohne Worte zu Stille und Einkehr einladenden Gestalt bin ich in Dankbarkeit verbunden.
Das weihnachtliche Bild von der Christgeburt in der Höhle verdanke ich der inzwischen verstorbenen Meditationslehrerin Irene Dilling, die mir in Verbindung mit dem Buch „Christliche Feste meditativ erfahren" die Zustimmung zur Veröffentlichung gegeben hat.

Meine Frau Irmgard hat nicht nur in den Jahren, aus denen die ersten Briefe stammen, den Kurs und die Tagungen mit geleitet, die für Gertruds Erfahrungen den Grund gelegt haben. Sie hat aufmerksam das Werden des Manuskriptes begleitet und mit behutsamen Hinweisen korrigierend mitgewirkt. Danke dafür –

und für den Austausch auf unserem langen gemeinsamen Weg. Hier ist vieles gewachsen, was ich bis heute anderen Menschen weitergeben darf.

Auch Irmgard Nauck, meine Kollegin und Leiterin der „Kirche der Stille" in Hamburg-Altona, danke ich: Sie hat mich in Verbindung mit ihren Korrekturen darauf hingewiesen, dass sich in diesen Briefen nicht nur ein Weg bis hin zum Sterben abbildet, sondern dass sich darin auch alle wichtigen Themen eines jeden spirituellen Übungsweges – unabhängig von Lebensalter – wiederfinden.

Weiterhin danke ich vielen Menschen, mit denen ich freundschaftlich verbunden bin, für die Ermutigung, diese Briefe einer breiteren Öffentlichkeit zugänglich zu machen.

Sommer 2018
Wolfgang Lenk

Wolfgang Lenk, Jahrgang 1944, lebt in Hamburg und Undeloh.
Pastor im Ruhestand, Meditations- und Kontemplationslehrer Via Cordis, Mitglied im Loccumer Arbeitskreis Meditation, Mitglied im Verein Evangelisches Kloster (Gethsemanekloster Goslar Riechenberg).

Veröffentlichungen:

- Christliche Feste meditativ erfahren, 1999, Benziger-Verlag
- Meditation, Band 2 der Reihe „Endlich Zeit für...", 2007, Lutherisches Verlagshaus Hannover
- Der Weg, den du gehst, 2015, BoD